情報と職業

第2版

廣石良雄 著

SCC

はじめに

　IT技術は急速な進展を遂げており、企業などの情報システムの開発に従事するIT技術者を取り巻く状況は大きく変化してきている。ただし、どのような技術の発展や経済状況であろうがIT技術者として従事するものには、IT技術者として必要な、普遍的なモラルや勤労観があると考える。この考えをもとにして、本書は、これから社会に出る学生を対象とし、IT技術者はもちろん、IT産業で働く人にとって必要となる基本的な知識および情報が理解できるようになることを目的にした。

　基本的で、こんなに簡単な、と思われるような用語でもその場で確認ができるよう、できるだけ説明を行うようこだわった。なぜならIT技術者は、その生涯においてさまざまな業界で仕事し、さまざまな業界の人たちとコミュニケーションをとることが多い。その際IT技術者は、ついつい専門用語で話すことがある。そのため相手に内容が本当に伝わるよう用語の確認をする習慣を、IT技術者を目指す学生に是非身につけて欲しいからである。

　第1章では、コンピュータの歴史として、特にコンピュータ技術の発展の転機になった事象を説明した。

　第2章では、今後の情報産業の現状と将来を語る上で欠かせないと思われるi-Japan戦略2015、ビッグデータ、スマートコミュニティ、そして人工知能(AI)・IoT・ロボットを共通技術基盤とした新産業構造ビジョンを取り上げた。

　第3章では、ITの職種として「ITスキル標準V3のキャリアフレームワーク」（独立行政法人情報処理推進機構：IPA）を参考にした。そのほか、マルチメディア系の職種と医療情報技師を取り上げた。

　第4章では、情報モラルを取り上げているが、現代では情報モラルが非常に損なわれている。ただし、法律知識が少なく保護者に守られている年代において倫理観がないのは、彼らだけの責任ではないと考えている。彼らは情報モラルを本当に何も知らないのではないだろうか。その前提で、IT技術者や教職者は彼らの模範となり、情報モラルを教えて行かねばならない。彼らがITデバイスの操作にたけていることで、情報モラルを知っているはず、と認識するのは禁物である。

　第5章では、情報産業における業務の把握として、共通フレーム2013（独立行政法人情報処理推進機構：IPA）を取り上げて説明した。また具体的に著者の経験に基づいたプロジェクトの進め方における留意点を紹介した。これから社会に出て、プロジェクト

型の仕事に就職する人は、特に参考にしていただきたい。

　第6章では、IT技術者の勤労観を、やはり著者の経験を加えて紹介した。

　本書は著者の30年以上のシステム開発の経験をもとに記述しており、その経験もメーカやエンドユーザからのシステム開発委託業務がほとんどであるため、独断的な一方向からの視点での説明もかなりあるかと思うがご容赦願いたい。

　本書でおおよそのIT技術者像をイメージしていただき、IT技術者としてそれぞれの専門分野をこころざす手助けになれば幸いである。

　　2018年2月

著　者

目　次

はじめに

第1章　コンピュータの歴史 ･･･ 1

1.1　コンピュータの始まり ･･･････････････････････････････････ 3

1.2　メインフレーム時代 ･･･････････････････････････････････････ 4

1.3　クライアント・サーバ時代 ･････････････････････････････ 9

1.4　Webコンピューティング時代 ･･････････････････････････ 12

1.5　クラウドコンピューティング時代 ･･･････････････････ 16

第2章　情報産業の現状と将来 ･････････････････････････････････ 25

2.1　i-Japan戦略2015 ･･･････････････････････････････････････ 27

2.2　ビッグデータの活用 ･･･････････････････････････････････ 35

2.3　スマートコミュニティの実現 ･･････････････････････ 42

2.4　新産業構造ビジョン ･･･････････････････････････････････ 46

第3章　ITの職種 ･･ 49

3.1　職業分類と情報処理技術者試験 ･･････････････････ 50

3.2　IT人材に求められる職種 ･････････････････････････ 65

3.3　マルチメディア系の職種と資格 ･･････････････････ 80

3.4　医療情報技師資格 ･･････････････････････････････････ 87

3.5　その他の民間資格、ベンダ資格 ･･････････････････ 90

第4章　情報モラル ･･ 95

4.1　IT技術者の倫理観 ･･･････････････････････････････ 96

4.2　情報社会の法制度 ･･････････････････････････････ 103

4.3　ハイテク犯罪 ･･････････････････････････････････････ 117

4.3.1　ハイテク犯罪の分類と検挙件数 ･･････････ 118

4.3.2　マルウェア ･････････････････････････････ 122

4.3.3　ハイテク犯罪対策 ･････････････････････ 126

4.3.4　認証とパスワード管理 ･････････････････ 128

i

目 次

　　　4.3.5　人為的脆弱性 ·· 130

　　　4.3.6　ハイテク犯罪の手口 ·· 135

第5章　情報産業における業務の把握 ································ 139

　5.1　情報産業における業務 ·· 140

　　　5.1.1　共通フレーム2013における業務 ···························· 142

　5.2　プロジェクトについて ·· 165

　5.3　プロジェクトの進め方 ·· 167

第6章　IT技術者の勤労観 ·· 187

　6.1　労働環境の変化 ·· 189

　6.2　IT技術者の勤務状況と勤労観 ····································· 194

索引 ··· 199

【サポートページ】のご案内 ·· 208

第1章
コンピュータの歴史

1.1 コンピュータの始まり

1.2 メインフレーム時代

1.3 クライアント・サーバ時代

1.4 Webコンピューティング時代

1.5 クラウドコンピューティング時代

IT※は今日急速な進展を遂げており、その立役者となっているコンピュータ※との関わりのない企業は存在しないといっても過言ではない。総務省の「平成29年版 情報通信白書」によれば、情報通信産業をIT産業に読み替えると、平成27年度のIT産業の市場規模は95.7兆円、雇用者は401.0万人である。我々の普段の生活において既にコンピュータによる所産※をいたるところで利用している。コンピュータの歴史は、コンピュータの論理素子の集積度に基づき、第一世代から第四世代に分類※されて説明されることも多い。しかしながら今では論理素子の集積度、いわゆるハードウェアの側面よりも、どのようにコンピュータを利用するかの側面で語られることが多くなった。ここでは主にコンピュータの利用形態に基づいた分類で、コンピュータ技術の発展の転機になった事象を説明していく。

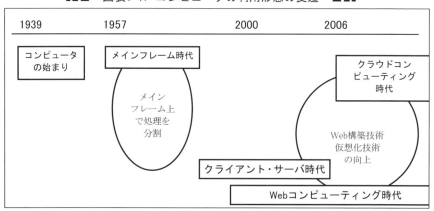

■■■ 図表1-1. コンピュータの利用形態の変遷 ■■■

注釈
※**IT**：情報技術（Information Technology）コンピュータを用いて情報を処理したり、ほかのコンピュータと通信したりする技術。なお、通信(communication)に関する技術を加えてICT(Information and Communication Technology)と呼ばれる場合も多い。
※**コンピュータ**：算術演算および論理演算を含む大量の計算を，人手の介入なしに遂行することのできる機能単位（機能単位：ハードウェア，ソフトウェア又はその両者からなり，指定された目的を遂行できるもの）。
（出典：「JIS X 0001-1994 情報処理用語—基本用語」）
※**所産**：生産（うみ出）されたもの。（出典：『新明解国語辞典 第七版』三省堂）
※**論理素子の集積度による分類**：
　　第1世代：1940年代〜、論理素子—真空管
　　第2世代：1950年代〜、論理素子—トランジスタ
　　第3世代：1960年代〜、論理素子—IC（集積回路）
　　第3.5世代：1970年代〜、論理素子—LSI（大規模集積回路）
　　第4世代：1980年代〜、論理素子—VLSI（超LSI）、ULSI（超超LSI）

第1章　コンピュータの歴史

1.1　コンピュータの始まり

（1）真空管のコンピュータ

　　世界最初のコンピュータは1939年から1942年に開発されたABC※ともいわれている。ただし、コンピュータ技術への貢献という意味では1943年から1946年に開発されたENIAC※が最初のコンピュータといわれている。ENIACは1万8000本の真空管を用い、プログラムは配電盤の変更や多数のスイッチの設定で実現されており、プログラムを変更するのは大変に面倒なものであった。

注釈　※ABC：（Atanasoff-Berry Computer）第二次世界大戦中の1942年アイオワ州立大学の
　　　ジョン・アタナソフ教授と大学院生クリフォード・ベリーが造ったコンピュータ。
　　　※ENIAC：（Electronic Numeric Integrator and Computer）米国ペンシルバニア大学電気
　　　工学科ムーアスクールが完成させた。1万8000本にのぼる真空管で構成され、重量は
　　　30トンである。

（2）ノイマン型コンピュータ

　　ENIACの面倒な課題を解決したのが、ノイマン型コンピュータである。1945年、ノイマンは、内蔵型プログラミングを提言した。この提言に基づき1949年に記憶装置を用いて内蔵型プログラミングを可能にしたEDSAC※が開発された。今日の「ソフトウェアでシステムを実現する」という概念が生まれたといってよい。ノイマン型コンピュータの特徴は、以下が挙げられる。

　　① **プログラム内蔵方式**
　　　　プログラムとデータを、主記憶装置に一端格納してから実行する。
　　② **逐次制御方式**
　　　　プログラムに書かれた命令を、一つ一つ実行する。
　　③ **2進数処理**
　　　　0と1による計算によって実行する。

注釈　※EDSAC：（Electronic Delay Storage Automatic Calculator）1949年、イギリスで開発
　　　された初期のコンピュータである。メイン・メモリ上に命令とデータを区別する
　　　ことなく格納し、中央処理装置（CPU）が順番に読み込み実行するノイマン型コン
　　　ピュータの先駆けともいわれている。

3

1.2 メインフレーム時代

（1）タイムシェアリング※方式（TSS）開発

　ENIAC以来、計算機は大学や研究所が中心となって開発された。IBMを筆頭にコンピュータメーカーも生まれたが、処理形態がバッチ処理※であり、利用者には、利用時間や利用手続きの制約が多かった。処理の順番は、バッチ処理を運用する操作者に委ねられることが多かった。その後TSSが開発されたことが、利用者の利便性を増し商用化を活性化させた。1957年頃、アメリカの計算機科学者のボブ・バーマーやジョン・マッカーシーがTSSを思いついたといわれている。また、1959年にイギリスのコンピュータ科学者のクリストファー・ストレイチーがタイムシェアリングシステムの特許を取得した。

　当時は、全ての機能、プログラムなどを、全て中央の大型コンピュータであるメインフレーム※に置き、中央の大型コンピュータを多くの利用者が共同で利用していた。しかし、バッチ処理では、利用者ごとのCPUの処理時間の割当ては、運用者が周辺装置によって行っていた。そのCPUの処理時間を利用者単位に自動的に分割することで、複数の利用者が同時にコンピュータを利用できるようなった。

■■■　図表1.2-1．タイムシェアリング方式　■■■

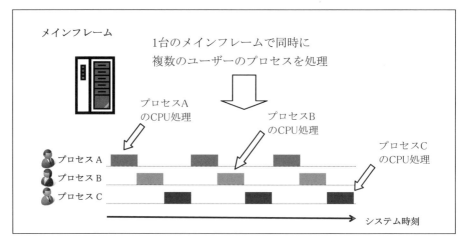

第1章　コンピュータの歴史

注釈

※**タイムシェアリング**：一つの処理機構において，二つ以上の処理過程の時間を細分化して交互に配置させるようにするデータ処理システムの操作技法。
（出典：「JIS X 0001-1994 情報処理用語—基本用語」）

※**バッチ処理**：コンピュータでデータを一定量あるいは一定時間ごとに，まとめて一括処理する方法。一括処理。
（出典：『大辞林 第三版』三省堂）

※**メインフレーム**：通常，計算センター内に設置される計算機であって，広範囲の能力および大規模の資源をもち，他の計算機を接続することによって，その資源を共用できるもの。
（出典：「JIS X 0001-1994 情報処理用語—基本用語」）

（2）マンマシンインタフェース※の飛躍

　　今日コンピュータに利用されているマウスの発明やハイパーテキスト※、グラフィカルユーザインタフェース※の開発に従事したダグラス・エンゲルバートの功績は、以下の記事の通りマンマシンインタフェースの飛躍に大きく貢献した。コンピュータの利用形態に大きく影響したといってよい。

　　「エンゲルバート氏は1950年代、スタンフォード研究所（現SRI International）にARC（Augmentation Research Center）を設立し、コンピュータの入力装置であるマウスや、ハイパーテキストという概念、GUI（グラフィカルユーザインタフェース）などの開発に従事した。
　　同氏が1968年12月9日に行ったマウスを含むコンピュータ関連の発明についてのデモは「The Mother of All Demos（すべてのデモの母）」として知られている。」
　　　（出典：ITmediaニュース「マウスの発明者、ダグラス・エンゲルバート氏が88歳で死去」2013年07月04日 07時37分 更新）

注釈

※**マンマシンインタフェース**：人間とコンピュータなどの機械とが接触して相互に情報を交換するための仕組み。（出典：『新明解国語辞典 第七版』三省堂）

※**ハイパーテキスト**：コンピュータを利用した文書システムの一つ。文書の任意の場所に、他の文書の位置情報（ハイパーリンク）を埋めこみ、複数の文書を相互に連結できる仕組みのこと。（出典：IT用語辞典 e-Words）

※**グラフィカルユーザインタフェース**：ユーザーに対する情報の表示にグラフィックを多用し、大半の基礎的な操作をマウスなどのポインティングデバイスによって行うことができるユーザインタフェースのこと。（出典：IT用語辞典 e-Words）

第1章　コンピュータの歴史

（3）ARPANET※導入

　　TSSにより、複数の利用者がコンピュータを同時に利用することが可能となった
が、同時にデータ伝送機能技術の急速な発展によって遠隔から不特定多数の利用者
のコンピュータ利用が可能となり、コンピュータネットワークが普及していった。
ARPANETは、分散したUNIX※コンピュータ同士をTCP/IP※で相互接続するという形
態で導入され、後のインターネットの原型になった。

> **注釈**
>
> ※**ARPANET**：米国防総省のARPA（Advanced Research Projects Agency、のちにDARPA：
> Defense Advanced Research Projects Agency に改称）によって研究、開発が進められ
> たパケット交換方式のコンピュータネットワークである。
>
> ※**UNIX**：1968年にアメリカAT&T社のベル研究所で開発されたOS。C言語という、ハ
> ードウェアに依存しない移植性の高い言語で記述され、またソースコードが比較的
> コンパクトであったことから、多くのプラットフォームに移植された。
> （出典：IT用語辞典　e-Words）
>
> ※**TCP/IP**：インターネットなどで標準的に用いられる通信プロトコル(通信手順)で、
> TCP(Transmission Control Protocol)とIP(Internet Protocol)を組み合わせたもの。また、
> TCPとIPを含む、インターネット標準のプロトコル群全体の総称。
> （出典：IT用語辞典　e-Words）

（4）第三の波

　　1980年、アルビン・トフラーは「第三の波」を著し、情報化革命の到来を力説し
た。この著書では、今日では当たり前に語られているCtoC※、サテライトオフィス※、
バーチャルモール※、スマートコミュニティ※など、直接著書での用語ではないが、
新しい世界の様式や道具の一つとしてそれらが説明されていることがわかる。

　　「新しい文明が、我々の生活の中に生まれつつある。だが、至るところに盲目の
徒がいて、それを抑え込もうとしている。この新しい文明は、新しい家族様式を招
来し、人間の労働と愛と生活の新しい道をひらき、新しい経済と新しい政治抗争へ
の幕を開けるが、なにものにも増して新しい意識を導入するものである。（中略）
　　人類は、巨大な飛躍の踏み台に立っている。いままで経験したこともない社会変
動と創造力をはらんだ変革の瞬間にさしかかっている。それをはっきり認識しない
まま、めざましい新文明を一から築こうとしている。そしてそれが、とりも直さず
第三の波なのである。
　　人類は、これまでに二度、巨大な変化の波を知った。二度とも先行の文化と文明
を拭い去り、それまでの人間には想像もできない新しい生活の戸を開いた。第一の
波、つまり農業革命は、完成するのに数千年かかった。第二の波、産業文明の興隆

6

第1章　コンピュータの歴史

は、わずか三百年で済んだ。今日、歴史はさらに加速した。第三の波が歴史を洗い、波が消え去るのには数十年もかからないかも知れない。いずれにしても、この衝撃的な瞬間に地球に住みあわせた我々は、死ぬまでに第三の波を頭からかぶることになるはずである。

　第三の波は、あらゆる人の足元をすくう。家族を引き裂き、経済を揺り動かし、政治制度を麻痺させ、我々の価値体系をめちゃくちゃにするだろう。それは古くさい権力機構にぶち当たり、今日すでに揺らぎつつあるエリートの特権と特典を危うくし、あすの権力闘争のための舞台をしつらえる。

　新文明には、これまでの産業文明と矛盾するものが無数にある。高度に科学技術的であると同時に反産業的である。」

　　（出典：アルビン・トフラー『第三の波』日本放送出版協会）

注釈

　※CtoC：（Consumer to Consumer）EC（電子商取引）の形態の一つ。インターネットを利用したオークションのように、消費者同士の取引形態。

　　ほかにもITを利用した取引形態として、以下がある。

　　BtoB：（Business to Business）EDI（Electronic Data Interchange）などを利用する企業間の取引。

　　BtoC：（Business to Consumer）バーチャルモールのような企業と消費者の取引。

　　また、類似の用語にM to M（Machine to Machine）がある。ITの場合ネットワークを利用して、コンピュータ同士（コンピュータを組み込んだシステムの設備や装置を含む）が自動的にデータ収集を行ったり、自動的に遠隔で監視、制御したりする。

　※**サテライトオフィス**：企業や組織から離れた場所に設置するオフィスである。ネットワークを利用することで、距離が離れているために生じる作業効率の低下を防ぐ。

　※**バーチャルモール**：複数の電子商店(オンラインショップ)が軒を連ねるWebサイトのこと。（出典：IT用語辞典 e-Words）

　※**スマートコミュニティ**：IT・環境技術などの先端技術を用いて社会インフラを効率化・高度化した都市や地域のこと。

（5）日本のメインフレームメーカー

　1970年代～1980年代はメインフレーム全盛期の時代であるが、1970年代はIBMが圧倒的に世界のマーケットを支配していた。IBMは1974年には世界最初のネットワークアーキテクチャ（コンピュータ同士を接続するためのネットワーク体系）であるSNA※、そしてマルチタスク※、マルチユーザー※機能を持ち、個々のタスクが専用仮想アドレス空間を持つ多重仮想記憶※を実現したMVS※、1980年には次世代超大型シリーズシステム3081を発表した。一方、日本国内メーカーはIBMのマーケットシェアを抜くべく、通産省（現・経済産業省）の誘導のもと国内機生産に取り組ん

第1章　コンピュータの歴史

だ。1974年には、富士通－日立のグループがMシリーズを、日本電気－東芝のグループがACOSシリーズを、三菱電機－沖電気のグループがCOSMOシリーズを発表した。その後、激化する日本市場競争の中で1980年には富士通が日本IBMの日本国内のマーケットシェアを抜いた。

> **注釈**
>
> ※**SNA**：（Systems Network Architecture）：1974年にIBM社によって開発されたコンピュータ機器を接続するためのネットワーク体系のことである。
> （出典：IT用語辞典バイナリ）
>
> ※**マルチタスク**：1台のコンピュータで同時に複数の処理を並行して行うOSの機能。CPUの処理時間を非常に短い単位に分割し、複数のアプリケーションソフトに順番に割り当てることによって、複数の処理を同時に行っているようにみせているため、多くのアプリケーションソフトを同時に起動すれば、その分だけ個々のアプリケーションソフトの動作は遅くなる。（出典：IT用語辞典　e-Words）
>
> ※**マルチユーザー**：複数のユーザーが一つの環境を共有すること。
> （出典：IT用語辞典　e-Words）
>
> ※**多重仮想記憶**：仮想メモリー（仮想記憶）を採用したシステムのうち、異なるプロセス（OSの場合はアプリケーション、仮想化されたコンピュータの場合は仮想マシン）に与えられる仮想メモリー空間の仮想アドレスが重複する方式を採用しているものを多重仮想記憶と呼ぶ。管理側（多くの場合MMU）は、テーブル（表）を利用して仮想アドレスと物理アドレスを相互変換する。対して、単一仮想記憶では、アドレスが重複しないよう仮想メモリー空間がプロセスに提供される。
> （出典：ASCII.jpデジタル用語辞典）
>
> ※**MVS**：（Multiple Virtual Storage）：IBM社の大型汎用機（メインフレーム）向けOSの一つ。1974年に発表されたもので、個々のタスクが専用の仮想アドレス空間を持つことができる多重仮想記憶を実現したことから、このような名称で呼ばれるようになった。（出典：IT用語辞典　e-Words）

1.3 クライアント・サーバ時代

1980年代に入ると、パーソナルコンピュータ（PC）※やミニコンピュータ（ミニコン）※が登場し、非常に高価なメインフレームに対して低価格のコンピュータを企業が独自に持てるようになった。なお、個人や家庭にも普及し始めたが、まだIT技術者が趣味や業務として使用する目的が多かった。1990年頃からはコンピュータシステムのダウンサイジング※、オープン化※となり、クライアント・サーバシステムが一般化していった。サーバとしてUNIX系コンピュータ、クライアント※のPCとして、Windows※搭載PCやMacintosh※が使用されたが、年々画面表示の機能や各種の処理機能が向上し、メインフレーム時代の処理の「集中」から処理の「分散」の方向に向かった。クライアント側からサーバ側にデータを要求し、得られたデータを使ってクライアント側でも処理が行われるようになった。

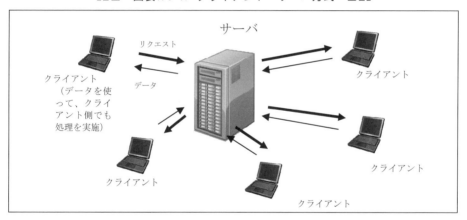

■■■ 図表1.3-1. クライアント・サーバ方式 ■■■

逆に、クライアント側で分散して行われた処理やデータをどのように集約し、管理するかという課題が発生した。さまざまな種類のコンピュータ資源※を一つのコンピュータとして利用できないかという考えは、後のクラウドコンピューティングの概念につながる。

■■■ 図表1.3-2. コンピュータ資源の集約 ■■■

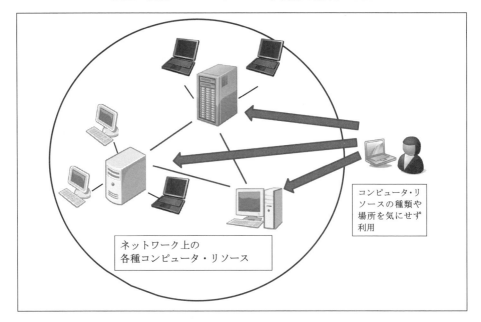

注釈
※**パーソナルコンピュータ（PC）**：個人用の非常に小さいコンピュータ。パソコン。マイクロプロセッサを内蔵した、比較的安価なものを指す。
（出典：『新明解国語辞典 第七版』三省堂）
※**ミニコンピュータ（ミニコン）**：1960年代から90年代頃まで存在したコンピュータの製品カテゴリーの一つで、当時の大型コンピュータより小型で安価なコンピュータのこと。（出典：IT用語辞典 e-Words）
※**ダウンサイジング**：大型コンピュータから小型のパソコンに変更することによる、システムの小型化。
※**オープン化**：オープンでなかったものをオープンにすること。分野や文脈によって意味が異なる。企業や行政などの情報システム・システム開発の分野では、大型汎用機(メインフレーム)などメーカーごとに独自仕様の機材・ソフトウェアで構成されたプロプライエタリシステムあるいは汎用系システムを、標準規格や業界標準に則り複数のメーカーの製品を組み合わせて構成することができるオープンシステム(オープン系システム)に置き換えることを意味することが多い。
　機器やソフトウェア、ネットサービスなどのオープン化という場合は、その仕様や接続方法などを公開して、別のメーカーが対応製品を作れるようにしたり、別のメーカーの製品を組み合わせて利用できるようにすることを意味することが多い。また、ソフトウェアのオープン化といった場合はソースコードを公開してオープンソース化するという意味で用いられることもある。（出典：IT用語辞典 e-Words）

第1章 コンピュータの歴史

> ※**クライアント**：サーバから各種のサービスを受けるコンピュータ。
> （出典：『新明解国語辞典 第七版』三省堂)
> ※**Windows**：Microsoft社のOSのシリーズ名。（出典：IT用語辞典 e-Words)
> ※**Macintosh**：Apple社が1984年から販売しているパソコンのシリーズ名。
> （出典：IT用語辞典 e-Words)
> ※**コンピュータ資源**：要求された操作を遂行するのに必要なデータ処理システムの要
> 素。例 記憶装置，入出力装置，処理装置，データ，ファイル，プログラム。
> （出典：「JIS X 0001-1994 情報処理用語―基本用語」の「計算機資源」)

（1）ビル・ゲイツの登場

　　ビル・ゲイツは1975年4月、ポール・アレンらとマイクロソフト社を設立し、同社
を世界的企業へと成長させた経営者である。1982年からマイクロソフト社がメーカ
ーにOEM※提供を開始したものがMS-DOS※であり、各社の各機種のPCに移植された。
さらに1985年11月、Windowsを発表した。当時は独立したOSではなくグラフィカル
ユーザインタフェース（GUI）を実現するアプリケーションであったが、1990年代
後半以降は世界中のPCの大半に搭載されるようになった。さまざまなシリーズが発
表され、GUI機能、マルチタスク機能、ネットワーク機能などを企業だけでなく、
個人にも浸透させることに大きく貢献した。

注釈

> ※**OEM**：（Original Equipment Manufacturer）相手先ブランド製造。発注元企業の名義や
> ブランド名で販売される製品を製造すること。また、そのような製品を製造する事
> 業者(OEMメーカ)。（出典：IT用語辞典 e-Words)
> ※**MS-DOS**：Microsoft社のOS。IBM社が同社初のパソコンであるPC/ATに採用したこ
> とで爆発的に普及し、パソコン用OSの標準となった。現在はMicrosoft社の別のOS
> であるWindowsにその座を譲っている。（出典：IT用語辞典 e-Words)

（2）Macintosh発売

　　アップルが開発および販売を行っているPCで、1984年1月に発売が開始された。
Windows搭載のPCとともに世界中のPCの主流となっているが、特に使い勝手を重視
した設計思想を持ち、デザイン、音楽、映像などの分野やそれを利用した教育分野
に多く使用されている。

11

第1章　コンピュータの歴史

1.4　Webコンピューティング時代

（1）WWW※概念の提案

　　1989年英国のコンピュータ技術者のバーナーズ・リーがグローバル・ハイパーテキスト・プロジェクトを提案し、後にWWWの概念として知られる仕組みや環境を構築した。1994年、バーナーズ・リーはヨーロッパを去り、米国マサチューセッツ大学のコンピュータ科学研究所に移って、WWWの各種技術の標準化を推進するためにW3コンソーシアム（W3C）※を創設し、責任者となった。W3CにおいてHTML※、URL※、HTTP※などWWWの基礎となるプロトコルを規定した。

注釈

　※**WWW**：（World Wide Web）各ホームページ間の相互参照がたやすく行える、地球規模のコンピュータネットワーク。（出典：『新明解国語辞典　第七版』三省堂）
　※**W3コンソーシアム（W3C）**：WWW(Web、ウェブ)で利用される技術の標準化を進める国際的な非営利団体。Web技術に関わりの深い企業、大学・研究所、個人などで構成される。（出典：IT用語辞典　e-Words）
　※**HTML**：（HyperText Markup Language）Webページを記述するためのマークアップ言語。文書の論理構造や表示の仕方などを記述することができる。W3Cによって標準化が行われており、大半のWebブラウザは標準でHTML文書の解釈・表示が行える。汎用的なマークアップ言語であるXMLに準拠するよう一部の使用を改めたXHTML規格も定められている。（出典：IT用語辞典　e-Words）
　※**URL**：（Uniform Resource Locator）インターネット上で、一まとまりの情報の所在を表すために、統一的な規則に基づいて決められた記号列。
　　（出典：『新明解国語辞典　第七版』三省堂）
　※**HTTP**：（HyperText Transfer Protocol）Webサーバとクライアント(Webブラウザなど)がデータを送受信するのに使われるプロトコル。HTML文書や、文書に関連付けられている画像、音声、動画などのファイルを、表現形式などの情報を含めてやり取りできる。（出典：IT用語辞典　e-Words）

（2）Java言語の開発

　　Java※は、1995年米サン・マイクロシステムズ社がC++※をもとに開発したオブジェクト指向※言語である。遡ると1990年、同社に勤務する25歳のプログラマだったパトリック・ノートンが、後にJavaに発展するプログラミング言語の素案を書いた。Java仮想マシン※を実装した環境であれば、異なるハードウェアや異なるOS上でプログラムを稼働させることができるマルチプラットフォームに対応したものである。コンピュータの環境に依存しないため、インターネットで動作するWebアプ

12

第1章　コンピュータの歴史

リケーションにはうってつけのものであった。

> **注釈**
>
> ※**Java**：Sun Microsystems社が開発したプログラミング言語。C言語に似た表記法を採用しているが、既存の言語の欠点を踏まえて一から設計された言語であり、最初からオブジェクト指向性を備えている点が大きな特徴。強力なセキュリティ機構や豊富なネットワーク関連の機能が標準で用意されており、ネットワーク環境で利用されることを強く意識した仕様になっている。（出典：IT用語辞典　e-Words）
>
> ※**C++**：広く普及しているプログラミング言語であるC言語に、オブジェクト指向的な拡張を施したプログラミング言語。1992年にAT&T社によって仕様が策定された。C++の言語仕様はCの上位互換になっており、C++の処理系を用いて従来のCで記述されたソフトウェアの開発を行うことも可能である。（出典：IT用語辞典　e-Words）
>
> ※**オブジェクト指向**：ソフトウェアの設計や開発において、操作手順よりも操作対象に重点を置く考え方。関連するデータの集合と、それに対する手続き(メソッド)を「オブジェクト」と呼ばれる一つのまとまりとして管理し、その組み合わせによってソフトウェアを構築する。（出典：IT用語辞典　e-Words）
>
> ※**Java仮想マシン**：JVM（Java Virtual Machine）Javaバイトコードをそのプラットフォームのネイティブコードに変換して実行するソフトウェア。Java言語で開発されたソフトウェアは、配布時にはプラットフォームから独立した独自の形式(Javaバイトコード)になっており、そのままでは実行することができない。このため、そのプラットフォーム固有の形式(ネイティブコード)に変換するソフトウェアを用意して、変換しながら実行する。この変換と実行を行うのがJVMである。
> （出典：IT用語辞典　e-Words）

（3）Mosaic発表

　ネットワークに接続されるPCの数は膨大になり、クライアントPCにアプリケーションやデータを配布して、サーバ側で処理を行うという方法は事実上、不可能になった。これを解消したのが、PCに標準で装備されるようになっていたWebブラウザ※である。Mosaic以前にもWebブラウザは存在していたが、テキストと画像を同時に扱うことはできなかった。NCSA Mosaicは、アメリカ国立スーパーコンピュータ応用研究所（NCSA）から、1993年にリリースされたWebブラウザで、テキストと画像を同一のウインドウ内に自動的に編集し表示させることができる最初のWebブラウザである。

第1章　コンピュータの歴史

> **注釈** ※**Webブラウザ**：Webページを閲覧するためのアプリケーションソフト。インターネットからHTMLファイルや画像ファイル、音楽ファイルなどをダウンロードし、レイアウトを解析して表示・再生する。入力フォームを使用してデータをWebサーバに送信したり、JavaScriptやFlash、Javaなどで記述されたソフトウェアやアニメーションなどを再生・動作させる機能を持ったものもある。（出典：IT用語辞典　e-Words）

（4）Netscapeブラウザ

　ネットスケープコミュニケーションズのジム・クラークとマーク・アンドリーセン、ジェイミー・ザヴィンスキーらによってWebブラウザであるNetscapeブラウザが開発された。Netscape Navigator Webブラウザシリーズとして機能拡張が行われ、1996年3月には最初のJVM搭載ブラウザのNetscape Navigator 2.0をリリースした。「ネスケ」という通称でも呼ばれることが多く、1990年代はWebブラウザといえば、ほぼイコールNetscape Navigatorという時代もあった。しかし、マイクロソフト社のInternet Explorer(IE)やほかのWebブラウザにシェアを奪われ、2008年2月にてサポートを終了した。

（5）Windows95発表

　Microsoft Windows95はMicrosoft Windows3.1の後継としてマイクロソフト社が1995年に発表したOSである。インターネットに必要な通信プロトコルのTCP/IPを選択することができた。既にほかのマイクロソフト社製品で実装されていた機能もあるが、Win32※と呼ばれるAPI※を搭載のほか、コンシューマ※向けOSとして、充実した機能を持っていた。

> **注釈** ※**Win32**：Microsoft社のWindows 95/98/Me/NT/2000/XPがアプリケーションソフトに標準で提供している機能のセット(API)。Intel社のi386以降のx86シリーズなどの32ビットプロセッサ用に設計されている。（出典：IT用語辞典　e-Words）
> ※**API**：（Application Programming Interface）あるコンピュータプログラム（ソフトウェア）の機能や管理するデータなどを、外部の他のプログラムから呼び出して利用するための手順やデータ形式などを定めた規約のこと。（出典：IT用語辞典　e-Words）
> ※**コンシューマ**：消費者という意味の英単語。IT業界における市場や製品カテゴリーの区分の一つで、一般消費者のこと。（出典：IT用語辞典　e-Words）

（6）ハイパーテキスト対応大規模ウェブ検索エンジン

　利用者が知りたい情報をWeb上で探し出すことは、いかにコンピュータやネットワークの性能が向上したとはいえ、大変な処理である。このような検索を簡単に行

うのが検索エンジンである。1990年代後半、ヤフー（Yahoo）が検索エンジン業界では圧倒的強さを誇っていたが、それに対抗したのが1998年に創立されたグーグル（Google）であり、1998年発表の「The anatomy of a large-scale hypertextual web search engine（ハイパーテキスト対応大規模ウェブ検索エンジンの分析※)」という論文の中でグーグルの検索エンジンに対する考え方が説明されている。

　※**分析**：複雑な現象・対象を単純な要素にいったん分解し、全体の構成の究明に役立てること。（出典：『新明解国語辞典 第七版』三省堂）

1.5 クラウドコンピューティング時代

　ASP※やハウジングサービス※など複数の特定企業にネットワークを通じてサービスを提供するビジネスモデル※が1990年代後半から広まってきたが、Webコンピューティングの進展（Web構築技術や仮想化技術の向上）により、不特定複数の企業や個人がネットワークを通じてサービスを提供するビジネスモデルが確立されてきた。クラウドコンピューティングの定義には、アメリカ国立標準技術研究所（NIST）※による以下のものがある。本書で単にクラウドといった場合は、クラウドコンピューティングを示す。

　「クラウドコンピューティングとは、ネットワーク、サーバ、ストレージ※、アプリケーション、サービス※などの構成可能なコンピューティングリソースの共用プール※に対して、便利かつオンデマンド※にアクセスでき、最小の管理労力またはサービスプロバイダ※間の相互作用によって迅速に提供され利用できるという、モデルの一つである。」
　（出典：NISTによるクラウドコンピューティングの定義
　　　　https://www.ipa.go.jp/files/000025366.pdf）

　クラウドはコンピュータネットワークを、空に浮かぶ雲に例えた言葉である。コンピュータネットワーク上、すなわち雲のどこかに、ユーザーが利用したいときに利用した分だけの利用料金で、サーバマシンやシステム開発環境やアプリケーションなどを提供してくれるものがある、というイメージである。

■■■　図表1.5-1. クラウドのイメージ　■■■

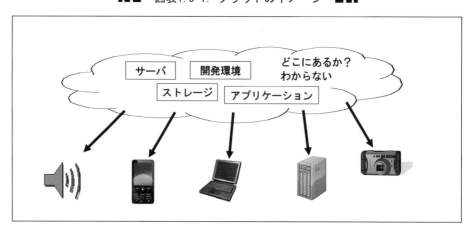

クラウドは、IaaS（Infrastructure as a Service）、PaaS（Platform as a Service）、SaaS（Software as a Service）に分類される。なお、IaaS、PaaS、SaaS全てを提供するサービスをEaaS（Everything as a Service）と呼ぶ。

■■■　図表1.5-2．クラウドの分類　■■■

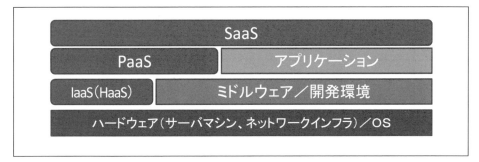

　IaaSはサーバマシン（CPU能力、ストレージ）やネットワークインフラなどのハードウェアを提供するサービスである。IaaSを利用するユーザーは、IaaSで提供されたサーバマシン、ネットワーク、OSを使って、その環境のもとミドルウェアや開発環境をセットアップし、ユーザーがアプリケーションを作成する。サーバマシンやネットワーク設備などのハードウェアに重きを置いた場合はHaaS（Hardware as a Service）とも呼ぶが、ハードウェアだけでなくネットワーク環境やOSも含めたものとしてIaaSという呼び方が主流となっている。
　PaaSはアプリケーション構築環境（ミドルウェア※、開発環境）を提供するサービスである。ユーザーはPaaSで提供されたサーバマシン、ネットワーク、OS、そしてミドルウェアや開発環境を使って、その環境のもとアプリケーションをユーザーが作成する。
　SaaSはユーザーに、業務などで必要なアプリケーションを提供するサービスである。若干のカスタマイズを行う必要がある場合もあるが、ユーザーはアプリケーションを一から作成することなく使用することができるため、急速にクラウドコンピューティング時代になってきている。
　一般に、オンプレミス※方式でシステムを開発して運用や保守を行う場合に比較して、初期投資費用がクラウドでは低く抑えられるといわれている。ただし、大規模かつ長期間継続的にそのサービスを利用すると年間運用費や保守費により、クラウド利用の方が高くなるケースも理論上ありうる（図表1.5-3参照）。全てがクラウドに移行するのではなくクラウドを利用することが適している業務とクラウドを利用することが適していない業務、それをそれぞれの企業が明確に選別していくであろう。

■■■ 図表1.5-3. コスト比較一例（クラウドとオンプレミス） ■■■

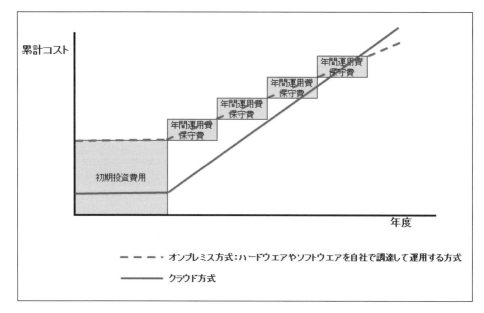

注釈

- ※**ASP**：（Application Service Provider）アプリケーションサービスプロバイダ。ソフトウェアを、インターネットなどを通じて利用者に遠隔から利用させる事業者のこと。また、そのようなサービス。（出典：IT用語辞典 e-Words）
- ※**ハウジングサービス**：（housing service）顧客の通信機器や情報発信用のコンピュータ(サーバ)などを、自社の回線設備の整った施設に設置するサービス。
  （出典：IT用語辞典 e-Words）
- ※**ビジネスモデル**：ビジネスの仕組み。事業として何を行い、どこで収益を上げるのかという「儲けを生み出す具体的な仕組み」のこと。特に、コンピュータやインターネットなどの情報システムを活用した新しいビジネス手法のことを指す場合もある。これを特許にしたものが「ビジネスモデル特許」である。英語では「business method」と呼び、「business model」とは言わないが、日本に最初に紹介されたときに「ビジネスモデル」という用語が使われたことから、現在でもこの言い方が定着している。（出典：IT用語辞典 e-Words）
- ※**アメリカ国立標準技術研究所（NIST）**：（National Institute of Standards and Technology）連邦政府の機関で、工業技術の標準化を支援している。1988年にNBS（National Bureau of Standards）が改組して誕生した。連邦政府の標準暗号を制定する機関として有名。
  （出典：IT用語辞典 e-Words）
- ※**ストレージ**：コンピュータでデータを記録・保存するハードディスクや光磁気ディスクドライブなどの記憶装置の総称。（出典：『新明解国語辞典 第七版』三省堂）
- ※**サービス**：ITの分野では、あるコンピュータから通信ネットワークを通じて別のコンピュータへ提供される何らかの機能や、そのような機能を実現するソフトウェア

第1章　コンピュータの歴史

などのことをサービスという。（出典：IT用語辞典 e-Words）
※**共用プール**：システムグローバル領域（SGA）内の共有メモリ領域。
※**オンデマンド**：利用者の注文に即時に対応してサービスを提供すること。
　（出典：『新明解国語辞典 第七版』三省堂）
※**サービスプロバイダ**：サービスを提供するもの。
※**ミドルウェア**：（middleware）ソフトウェアの種類の一つで、オペレーティングシス
　テム(OS)とアプリケーションソフトの中間に位置し、様々なソフトウェアから共通
　して利用される機能を提供するもの。OSが提供する機能よりも分野や用途が限定さ
　れた、具体的・個別的な機能を提供する場合が多い。（出典：IT用語辞典 e-Words）
※**オンプレミス**：（on-premises）企業の業務システムなどで、自社で用意した設備で
　ソフトウェアなどを導入・利用すること。自社運用。
　もともとこのような形態が一般的だったため特に名称はなかったが、近年、インタ
　ーネットなどを通じてメーカなどが用意した環境を遠隔利用するクラウドコンピュ
　ーティングやSaaS/PaaSなどが普及してきたため、これらと対比する文脈で従来の方
　式を意味する用語として広まった。（出典：IT用語辞典 e-Words）

（1）インターネットのプラットフォーム化

　クラウドという言葉が使われる以前に、ASPやハウジングサービスなどのように
クラウドの部分的なビジネスモデルは出現していた。クラウドはインターネットで
つながれた資源をあたかもひとまとまりのコンピュータとして扱う。インターネッ
トをOSのようにプラットフォーム化し、クラウド市場を進展させた技術が、2005
年にその言葉が使われ始めたAjax※（Asynchronous JavaScript & XML）である。Ajax
によって画面遷移を伴わない動的なWebアプリケーションの製作が可能となった。

注釈　※**Ajax**：（Asynchronous JavaScript + XML）Webブラウザに実装されているJavaScriptの
　　　　HTTP通信機能を使って、Webページのリロードを伴わずにサーバとXML形式のデー
　　　　タのやり取りを行って処理を進めていく対話型Webアプリケーションの実装形態。
　　　　（出典：IT用語辞典 e-Words）

（2）Googleクラウドを提唱

　2006年、GoogleのCEO（最高経営責任者）であるエリック・シュミットが、「検索
エンジン戦略会議」で自社の製品のサービス群を「クラウドコンピューティング」
と表現したことが最初とされる。

（3）各社クラウド事業参入

　各社が続々とクラウド事業に参入している。ここでは、先駆的な役割を担ってお
りこれからも大規模に先導していくであろうグーグル、マイクロソフト、セールス

19

第1章　コンピュータの歴史

フォース・ドットコム、ヤフー、アマゾン、イーベイを紹介する。

（ア）グーグル

2006年にSaaSの例としてGoogle Appsの無償版サービス群（Google Apps Standard Edition）を提供し、その後企業向けの上位版サービス群としてGoogle Apps Premier Editionを提供した。Google Apps Premier Editionでは、サービスとして電子メール（Gmail）、ワープロ・表計算（Google Docs & Spreadsheets）、カレンダー（Google Calendar）、チャット（Google Talk）、ホームページ作成（Google Page Creator）などのアプリケーションが実現されている。PaaSの例としてGoogle App Engineがある。

（イ）マイクロソフト

2007年にMS Windows Mobile6（略称WM6）を発表した。WM6はモバイル用オペレーティングシステム(OS)であるが、JavaScriptやDHTML、XHTMLがサポートされたことにより、例えば、HTML対応の電子メールを扱えるようになった。これにより、モバイル端末でクラウド対応が可能となり、他社も含めスマートフォンが続々と発売された。PaaSの例として、Microsoft Windows Azure、SaaSの例としてMicrosoft Online（サービス群）にMicrosoft Office 365、Microsoft SQL Azureなどがある。

（ウ）セールスフォース・ドットコム

1999年、オラクルの副社長であったマーク・ベニオフが創立した会社である。営業支援システム(SFA)※や顧客管理システム(CRM)※をSaaS型の業務システムで展開し、2009年4月には顧客数5万9千社を数え、世界的なソフトウェア企業となった。PaaSの例としてForce.comがある。

（エ）ヤフー

1995年にアメリカで設立されたインターネット関連サービス企業であり、検索エンジンをはじめとしたポータルサイト運営で有名である。

従来からユーティリティコンピューティング※として、多数の利用者にサービスを行っている。

（オ）アマゾン

1994年にアメリカで創業され、1995年8月にAmazon.com, Incが設立された、通販サイトを運営する企業である。インターネット上の商取引の分野で初めて成功した企業の一つとされており、世界最大の電子商取引サイトとなった。当

20

第1章　コンピュータの歴史

初はオンライン書籍の販売が主であったが、電化製品、玩具なども扱う。2002
年7月、クラウドサービス「Amazon Web Services」(AWS)を開始した。IaaSの例
としてAmazon EC2/S3がある。

（カ）イーベイ

　1995年9月アメリカで設立され、1997年9月に現社名となっている。インター
ネットオークション※会社であり、全世界に「登録ユーザー数4億5000万人、1
日の新規出品数1000万件以上という目もくらむような規模のネット企業（出典：
ビッグデータ：eBayの分析プラットフォーム開発責任者にインタビューしまし
た　2012年3月15日　ZDNeT　Japan)」である。日々、処理されるデータ量はペタ
バイト※という単位に上り、クラウド上のデータベースが使用されている。

> **注釈**
>
> ※**営業支援システム(SFA)**：(Sales Force Automation) パソコンやインターネットなど
> の情報通信技術を駆使して企業の営業部門を効率化すること。また、そのための情
> 報システム（出典：IT用語辞典 e-Words)
>
> ※**顧客管理システム(CRM)**：(Customer Relationship Management) 主に情報システムを
> 用いて顧客の属性や接触履歴を記録・管理し、それぞれの顧客に応じたきめ細かい
> 対応を行うことで長期的な良好な関係を築き、顧客満足度を向上させる取り組み。
> また、そのために利用される情報システム(CRMシステム)。
> 　(出典：IT用語辞典 e-Words)
>
> ※**ユーティリティコンピューティング**：(utility computing) 処理能力や記憶容量など、
> コンピュータの持つ計算資源を必要なときに必要なだけ購入して利用する方式。
> 「ユーティリティ」(utility)とは電気・ガス・水道などの公共サービスのことで、コ
> ンピュータの提供する能力を公共サービスのような形態で利用するモデルのことを
> 指す。(出典：IT用語辞典 e-Words)
>
> ※**インターネットオークション**：インターネットなどの通信サービス上で行われるオ
> ークション。電子商取引(EC)の一種で、一般消費者同士が直接取引を行う「C to C
> (Consumer to Consumer)」型の取引の代表的な形態。（出典：IT用語辞典 e-Words)
>
> ※**ペタバイト**：(petabyte) 情報量の単位の一つで、1000兆(10の15乗)バイトまたは約
> 1126兆(2の50乗)バイト。

（4）2009自治体クラウド

　総務省では、平成21年度から平成22年度にかけて「自治体クラウド開発実証事業」
を実施し、6都道府県（北海道、京都、徳島、佐賀、大分、宮崎）、78市町村において
自治体クラウドの導入に関わる実証実験が実施された。「自治体クラウド」とは、自
庁内にハードウェアなどを設置せず、あらかじめ事業者が所有するデータセンタ※な

21

どの設備に設置されたハードウェアおよびソフトウェアなどから、インターネットや専用線などのネットワークを経由してサービスとして利用するクラウドコンピューティング技術の進展、普及を踏まえ、地方公共団体においてクラウドを用いた情報システム導入を行うことを指している。自治体クラウドの推進のために、総務省を中心に推進のための取り組みが実施されてきた。複数の地方公共団体が一体となって、情報システムの共同化と集約化を進めることで、運用経費の削減などを図ることが目的とされた。

■■■ 図表1.5-4. 自治体クラウドイメージ（一例） ■■■

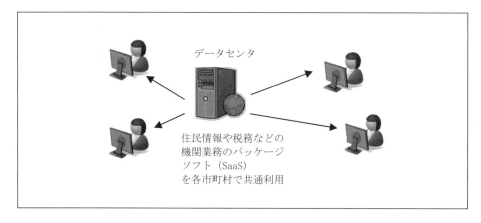

注釈　※**データセンタ**：インターネット上のサービスを行うサーバを大規模に集積し、ユーザに貸与したり保守・管理を行ったりしている施設。
（出典：『新明解国語辞典 第七版』三省堂）

第1章　コンピュータの歴史

参考文献・参考ホームページ

- 『日本のコンピュータ発達史』(情報処理学会歴史特別委員会編　オーム社発行)
- 『情報と職業：情報産業で働くための必要知識』(山崎信雄編著　丸善プラネット発行)
- 『共通フレーム 2013〜経営者、業務部門とともに取り組む「使える」システムの実現〜』(情報処理推進機構技術本部ソフトウェア・エンジニアリング・センター編 情報処理推進機構発行)
- ENIAC 誕生 50 周年記念（日本ユニシス）
  http://www.unisys.co.jp/ENIAC/eniac00.html
- コンピュータ 100 年史（柏市インターネット男女共同参画推進センター）
  http://danjo.city.kashiwa.lg.jp/gakushuu/pcschool/pc_history/comp_history04.htm
- コンピュータ内部の仕組みを知らなくてもプログラムは書ける？（ITPRO 2009年 11 月 30 日）
  http://itpro.nikkeibp.co.jp/article/Watcher/20091126/341155/
- マウスの発明者、ダグラス・エンゲルバート氏が 88 歳で死去（ITmedia ニュース記事　2013 年 07 月 04 日 07 時 37 分 更新）
  http://www.itmedia.co.jp/news/articles/1307/04/news032.html
- 『第三の波』(アルビン・トフラー著　日本放送出版協会発行)
- TCP/IP はどのように普及していったの？(ASCII.jp　TCP/IP まるわかり ─ 第 2回 2009 年 6 月 22 日)
  http://ascii.jp/elem/000/000/428/428741/
- 『Web の創成：World Wide Web はいかにして生まれどこに向かうのか』（Tim Berners-Lee 著　Mark Fischetti 協力　高橋徹監訳　毎日コミュニケーションズ発行)
- ネットスケープナビゲータはそれからどうなったのか（Timesteps 2010 年 10 月22 日)
  http://www.timesteps.net/archives/1327866.html
- 「大規模ハイパーテキスト Web 検索エンジンの全貌−」（Sergey Brin, Lawrence Page 著 Computer Networks and ISDN Systems 30)
- 「自治体クラウドの情報セキュリティ対策等に関する調査研究報告書」2013 年 5月（総務省）

23

Memorandum

第2章
情報産業の現状と将来

2.1　i-Japan戦略2015

2.2　ビッグデータの活用

2.3　スマートコミュニティの実現

2.4　新産業構造ビジョン

第２章　情報産業の現状と将来

　第２章では情報産業の現状と将来を語る上で欠かせないと思われるi-Japan戦略2015、ビッグデータ、スマートコミュニティ、そして人工知能(AI)・IoT・ロボットを共通技術基盤とした新産業構造ビジョンについて説明する。

第2章　情報産業の現状と将来

2.1　i－Japan戦略2015

　まず、i-Japan戦略2015策定※までの経緯を説明する。i-Japan戦略2015策定までにも、日本においてIT立国を目指すため、いくつか政府からIT戦略が提言され実行もされてきた。IT技術の進展は目覚ましいものがあり、それに追従するため、あるいはそれを見越して、戦略※が練られてきた。

> **注釈**　※**策定**：（政策などを）考えて決めること。（出典：『新明解国語辞典 第七版』三省堂）
> 　　（＊参考：「作成」は、書類や文章など作ること。）
> 　※**戦略**：特定の目標を達成するための大局的（総合的）な方法や計略。

（1）ITSSP

　経済産業省のIT推進事業の一環として、1999年、戦略的情報化投資活性化支援事業（ITSSP）が推進され、2001年ITコーディネータ資格認定が始まった。当時、コンピュータを導入する目的は企業内の業務をそのままコンピュータによって実現し、コスト削減や生産性向上といったものが多かった。そのほか、経営戦略を実現するためにいかにコンピュータを使うか、経営者目線でのソリューションを展開し、企業競争に打ち勝つことも大きな目的であった。大企業では後者の目的に投資し推進することは自前で可能であったが、中小企業では、経営者目線でのソリューションを自社内で提言できる人材が少なく、それを実現できる人材としてITコーディネータ試験※によるITコーディネータ制度が生まれた。中小企業では、ITSSPにおけるITコーディネータを活用することにより、ITによる業務の革新を行うことが可能となった。活用の一例として今まで自社が持っている技術力を秘密にして大々的に公開することをためらっていた企業がITコーディネータの提言により、自社が持っている技術をインターネット上で積極的に公開することで営業の幅が広がり、受注アップにつながったことが挙げられる。

> **注釈**　※**ITコーディネータ試験**：経済産業省の指揮のもと設立されたNPO法人「ITコーディネータ協会」による認定資格。主に経営面から企業システムのIT化を進める立場に位置し、小規模なシステムのIT化を指揮することが期待されている。（中略）情報処理技術者とITコーディネータは一部対象が重複しているが、ITコーディネータでは特にコンサルタント的な役割が重視されている点に大きな違いがある。
> 　（出典：IT用語辞典　e-Words）

27

（2）e-Japan戦略

　2001年1月にe-Japan戦略と銘打ってIT国家戦略が策定され、2005年までに世界最先端のIT国家となるようネットワークインフラ、電子商取引※、電子政府※、人材育成、情報セキュリティが重点分野として位置付けられた。ブロードバンド※の普及や安い料金設定などで成果をあげた。

注釈

　　※**電子商取引**：(Electronic commerce) インターネットなどコンピュータネットワーク
　　上で、商品・サービスの契約や決済を行うこと。エレクトロニックコマース。eー
　　コマース。EC。(出典：『新明解国語辞典 第七版』三省堂)

　　※**電子政府**：(electronic government) 電子政府の総合窓口 e-Gov(イーガブ)のホームページの「日本の電子政府の取組について」(http://www.e-gov.go.jp/doc/action.html)を参照のこと。

　　※**ブロードバンド**：大容量のデータを高速で送ることのできるネットワーク回線。毎秒数百キロビット以上の伝送速度を持つものを指す。

　　　(出典：『新明解国語辞典 第七版』三省堂)

（3）e-Japan戦略Ⅱ

　2003年7月にe-Japan戦略Ⅱが策定された。e-Japan戦略でIT基盤が整備されたことを引き継いで、IT 利活用の推進による、「元気・安心・感動・便利」社会を実現するための具体的な手段を提供することが追加された。医療、食、生活、中小企業金融、知（学び）、就労、労働、行政サービスが重点分野として位置付けられた。

（4）IT新改革戦略

　2006年1月にIT新改革戦略が策定された。e-Japan戦略Ⅱでは、医療分野の情報化と電子行政※の推進の利用が不十分であると評価されたため、さらなるITの活用に重点が置かれた。

　世界トップクラスの「IT経営※」、ITによる医療の構造改革、ITを駆使した環境配慮型社会※、世界一便利・効率的電子行政、世界一安心できるIT社会が重点分野として位置付けられた。これからの姿として世界最先端IT国家から世界を先導するIT国家へと提言された。

> **注釈**
>
> ※**電子行政**：電子行政とは、情報通信技術（ICT）を活用して行政機関が本来の目的を円滑に遂行でき、受益者である国民の顧客満足の視点や、財政運営といった経営的な観点からより良い状態に自らを高めていく活動全般を表す言葉。同義の概念を表す言葉として、「電子政府」、「電子自治体」が挙げられるが、「電子行政」と表した場合、政府機関、自治体およびそれらの関係団体を含む行政機関全般を対象とした広い意味に用いられることが多い。
>
> （出典：HITACHI電子行政用語集 http://www.hitachi.co.jp/Div/jkk/glossary/0326.html）
>
> ※**IT経営**：IT投資本来の効果を享受するためには、目的なく、単に現業をIT化するだけでは、不十分であり、自社のビジネスモデルを再確認した上で、経営の視点を得ながら、業務とITとの橋渡しを行っていくことが重要です。
>
> 　このような、経営・業務・ITの融合による企業価値の最大化を目指すことを「IT経営」と定義します。
>
> （出典：経済産業省IT経営ポータル http://www.it-keiei.go.jp/about/index.html）
>
> ※**環境配慮型社会**：環境問題と一概にいっても、大気汚染や水質汚濁、廃棄物などの問題から、住環境のアメニティ、地球温暖化の問題まで、様々な問題があります。これらに対応していくアプローチもまた様々です。しかし、総じて、そこに暮らす人々の生活の質（Quality of Life; QOL）を保ちながら（もしくは向上させつつ）、環境に対しもたらされる負荷を小さくするために努力しよう、ということがいえます。このように環境負荷を小さくした社会を環境配慮型社会と呼ぶことが出来ると思います。
>
> （出典：環境配慮型社会の構築に向けて　東京大学工学部都市工学科サイト
> http://www.due.t.u-tokyo.ac.jp/resources/project/05/）

（5）i-Japan戦略2015

　2009年7月i-Japan戦略2015が提言された（2010年度まではIT新改革戦略もフォローするとされた）。

　以下、2009年7月に総務省IT戦略本部が発表した「i-Japan戦略2015〜国民主役の「デジタル安心・活力社会」の実現を目指して〜」から、i-Japan戦略2015のビジョンと重点分野を紹介する。

（ア）2015年の将来ビジョン

- ・社会の隅々に行き渡ったデジタル技術が「空気」や「水」のように抵抗なく普遍的に受け入れられて経済社会全体を包摂する存在となる（Digital Inclusion）ことを目指す。
- ・デジタル技術・情報により経済社会全体を改革して新しい活力を生み出し（Digital Innovation）、個人・社会経済が活力を持って、新たな価値の創造・革新に自発的・前向きに取り組むことを可能とする。

第2章　情報産業の現状と将来

（イ）三大重点分野

① 電子政府・電子自治体分野
- 電子政府の推進体制の整備（政府CIOの設置など）、過去の計画のフォローアップとPDCA※の制度化
- 「国民電子私書箱（仮称）」を、広く普及させ、国民に便利なワンストップ行政サービスの提供や「行政の見える化」を推進
  個人番号制度と一体的に検討

② 医療・健康分野
- 地域の医師不足などの問題への対応
  遠隔医療技術の活用
  医師などの技術の維持・向上
  地域医療連携の実現など
- 日本版EHR（仮称）の実現［EHR＝Electronic Health Record］
  医療過誤※の減少、個人の生涯を通じた継続的な医療の実現
  処方せん・調剤情報の電子化
  匿名化された健康情報の疫学※的活用など

③ 教育・人財分野
- 授業でのデジタル技術の活用などを推進し、子どもの学習意欲や学力、情報活用能力の向上
  教員のデジタル活用指導力の向上
  電子黒板※などデジタル機器を用いたわかりやすい授業の実現など
- 高度デジタル人財の安定的・継続的育成
  実践的な教育拠点の広域展開・充実
  産学官連携※によるナショナルセンター的機能※の充実など

30

※PDCA（サイクル）：(Plan-Do-Check-Act) 業務プロセスの管理手法の一つで、計画(plan)→実行(do)→評価(check)→改善(act)という4段階の活動を繰り返し行うことで、継続的にプロセスを改善していく手法。（出典：IT用語辞典 e-Words）

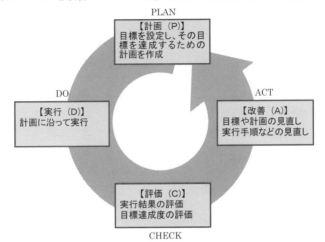

※医療過誤：人為的ミスに起因し、医療従事者が注意を払い対策を講じていれば防げるケースを医療過誤と言います。医師の診療ミス、診断ミス、手術ミス、看護師その他医療スタッフとの連携ミスなどがそうです。ニュースなどのマスコミ報道などでは、医療過誤、医療ミスなどを一括りに「医療事故」と定義し報道されることが多いようです。これに対し「医療事故」とは、リスクマネージメントマニュアル作成指針の定義によれば、医療過誤だけでなく、医療関連の事故ながら「医療行為とは直接関係しない場合」や、患者ではなく「医療従事者に被害が生じた場合」もこれに含まれます。
（出典：弁護士法律相談センター https://www.avance-lpc.com/medical/01.html）

※疫学：人間集団を対象として、病気や事故などの発生の原因や社会的傾向・影響などを包括的に調査・研究する学問。（出典：『新明解国語辞典 第七版』三省堂）

※電子黒板：書いた文字や図などを、そのまま縮小して紙にコピーできるホワイトボード。近年はコンピュータと組み合わせて利用する様々な型がある。
（出典：『新明解国語辞典 第七版』三省堂）

※産学官連携：企業（産）が、技術シーズや高度な専門知識を持つ大学等（学）や公設試験研究機関等（官）と連携して、新製品開発や新事業創出を図ることです。
（出典：公益財団法人滋賀県産業支援プラザ　産学官交流サロン
http://www.shigaplaza.or.jp/salon/salon030.php）

※ナショナルセンター的機能：ナショナルセンターは、一般的には労働組合の全国中央組織や国立高度専門医療研究センターを示す言葉である。ここでは、高度なIT技術を持った人財の育成に関して、中心となる組織や施設を指す。

第2章　情報産業の現状と将来

（6）社会保障・税番号制度

　i-Japan戦略2015の電子政府・電子自治体分野の検討戦略の一つである。2009年12月、政府の「平成22年度税制改正大綱」において、番号制度の導入について言及がなされた。2013年5月24日に「行政手続における特定の個人を識別するための番号の利用等に関する法律（マイナンバー法）」が国会で成立した。

　過去には、マイナンバー制度、共通番号制度などとさまざまな呼称があったが、マイナンバー制度もしくは社会保障・税番号制度とされている。2015年10月から個人に個人番号（マイナンバー）の通知が開始され、2016年1月から、行政手続きでの運用が始まり、また申請は任意であるが個人番号カードの配布が始まった。全ての自治体で、それまでに個人番号が利用できるようシステム開発が進められた。また、個人番号とはいえ、従業員※の社会保険の取り扱い業務、所得の源泉徴収票※関連の業務などで、個人番号が必要となり、個人番号を利用するために企業内の従業員データベースの整備が行われた。

（ア）社会保障・税番号制度の目的

・行政の効率化

　　行政機関や地方公共団体などでさまざまな情報の照合や入力などに要している時間や労力が大幅に削減されるとともに、より正確に行えるようになる。

・国民の利便性の向上

　　複数の手続きを1カ所の窓口で完結できる「ワンストップサービス」や国民の請求がなくとも適切なタイミングで行政側がサービスを通知できる「プッシュ型行政サービス」などが実現できるようになる。また、2011年3月の東日本大震災のような大災害時の場合に、本人確認さえできれば自治体への全ての手続きが可能（たとえ、住民票の所在地と異なる自治体でも）となり、自治体間の情報連携が可能となることは非常に国民にとって有効である。

・公平・公正な社会の実現

　　日本は、2013年6月時点で1000兆円の借金（国債※＋借入※金＋政府短期証券※）を抱えており、2014年度の歳出※は100.9兆円にも関わらず歳入※のうち租税※および収入印紙※は54.2兆円である。この状況では、財政破綻が懸念されているが生活保護支給の不正、年金受給の不正、高額所得者への課税漏れなど所得に応じて決められるべき負担と社会保障が適切に行われているとは言い難い。税務当局による個人情報の名寄せ※が容易になるため、「正確な所得の把握」と「確実な給付」を実現させるために欠かせない制度とされる。

（イ）社会保障・税番号制度と個人情報保護

　社会保障・税番号制度により、「正確な所得の把握」と「確実な給付」が可能となる反面、情報の種類や流通量の増加に伴い個人情報保護を徹底させることが必要となるため、個人番号を含む個人情報を特定個人情報とし、2014年1月には、マイナンバー法に基づき内閣府の外局として、特定個人情報保護委員会が設置された。その後2016年1月には、「個人情報の保護に関する法律（個人情報保護法）」に基づき設置された、個人情報保護委員会に引き継がれた。個人情報保護委員会では、以下のような業務を行っている。

　詳しくは、「個人情報保護委員会ホームページ」(https://www.ppc.go.jp/)を参照されたい。

・特定個人情報の監視・監督に関すること
・苦情あっせん等に関すること
・特定個人情報保護評価に関すること
・個人情報の保護に関する基本方針の策定・推進
・国際協力
・広報・啓発

　なお、個人番号(すなわち特定個人情報)は、社会保障、税、災害対策分野の中で、法律で定められた行政手続きにしか使えない。

　例えば、以下の行政手続きでの使用が可能である。

・本人確認の際の公的な身分証明書
・e-Tax※などの電子申請
・図書館利用証、印鑑登録証など自治体が条例で定めるサービス
・コンビニなどで、住民票などの証明書取得

　将来的には、各種民間のオンライン取引などでの使用も可能になるものと思われる。個人番号の取得は、法律(マイナンバー法)の範囲内で利用目的を特定して明示する、ことが必要である。従って、いくら本人の承認を得たからといっても、法律の範囲外の場合は、個人番号を取得し、利用してはいけない(個人情報は、利用目的の範囲に制限がない)。

　また、個人番号(すなわち特定個人情報)は、本人の同意の有無にかかわらず、第三者提供できる場合が限定される(個人情報は、本人の同意があれば可能である)。

第２章　情報産業の現状と将来

注釈

※**内閣官房**：内閣官房は、内閣の補助機関であるとともに、内閣の首長たる内閣総理大臣を直接に補佐・支援する機関です。
　　具体的には、内閣の庶務、内閣の重要政策の企画立案・総合調整、情報の収集調査などを担っています。
　　（出典：内閣官房の概要　内閣官房サイト http://www.cas.go.jp/jp/gaiyou/）

※**従業員**：就業規則に基づき、社長の指揮命令によって労働力を提供し、対価として給料を得る労働契約（雇用契約）を結んでいる労働者である。社員と同じ意味としても間違いではないが、社員を株主などその社団法人を組織する人を意味する場合と区別するときは、労働者を「従業員」と呼ぶことが多い。

※**源泉徴収票**：我が国では、所得者（給与など支払いを受ける者）に対して所得の支払の際に　支払者(会社など)が所得税を徴収して国に納付する源泉徴収制度が採用されている。支払者はその明細を源泉徴収票という書類に記入し、所得者に渡す。所得者は、源泉徴収票に含まれていない所得や控除額があれば、確定申告を行う。なお、税に関する用語について、国税庁ホームページ(https://www.nta.go.jp/)でサイト内検索を行うとよい。

※**国債**：国家が財政上発行する債券。（出典：『新明解国語辞典　第七版』三省堂）

※**借入**：事業をするためなどに資金・資財などを借りる。

※**政府短期証券**：日本政府が一時的な資金不足を補うために発行する国債の一種で、期間60日程度の割引債券のこと。
　　（出典：マネー辞典 m-Words
　　　http://m-words.jp/w/E694BFE5BA9CE79FADE69C9FE8A8BCE588B8.html）

※**歳出**：国家や公共団体などで、一会計年度内の支出（の総計）
　　（出典：『新明解国語辞典　第七版』三省堂）

※**歳入**：国家や公共団体などで、一会計年度内の収入（の総計）
　　（出典：『新明解国語辞典　第七版』三省堂）

※**租税**：国家(地方公共団体)が経費にあてるために国民から強制的にとるお金。税(金)（出典：『新明解国語辞典　第七版』三省堂）

※**印紙**：税、手数料などを直接現金で支払う代わりに、証書などに貼りつける、政府発行の一定金額証票。

※**名寄せ**：名義を寄せ、同一名義として同一のIDに括ることである。どの条件が揃えば同一名義と見なせるかは顧客情報を扱う業務では重要なことである。氏名、住所、電話番号、生年月日が一致すれば、ほぼ同一名義と見なせるものの、氏名であれば、新字体、旧字体をマッチングさせたり、住所であれば、「１－２」と「１番２号」を同一と見なすようにしたりするなど様々な変換ルールを用意する必要がある。

※**e-Tax**：国税電子申告・納税システム。「申告などの国税に関する各種の手続について、インターネットを利用して電子的に手続が行えるシステムです。」
　　（出典：国税庁ホームページ（http://www.e-tax.nta.go.jp/）

34

2.2 ビッグデータの活用

　ビッグデータの特性として、2001年の研究報告書においてMETAグループ（現・ガートナー）のアナリスト、ダグ・レイニーは、データ成長の課題とチャンスは3次元、すなわち、volume（ボリューム、量）、velocity（ベロシティ、速度）、variety（バラエティ、多様性※）であると定義している。ビッグデータは新しい概念ではないが、2012年あたりからその言葉が頻繁に登場するようになった。ビッグデータというと大量のデータ、いわゆるvolumeという点に注目しやすいが、どちらかというと構造化※されたデータを扱う技術では管理できないデータであり、そのデータが大量にあるということである。ビッグデータは何かの目的を達成するための手段であり、巨大なデータを作成することそのものを目的とするものではない。

　インターネットの普及、モバイル端末の普及、それらを利用したソーシャルネットワークシステムの普及およびRFID※などのセンサーの普及により、volumeすなわちデータ量が膨大に増え、velocityすなわちデータの更新速度はリアルタイム性が高まり、varietyすなわちデータの多様化として、非構造化データ※が急増している。

```
volume    ：データ量が膨大
           （例えば、テラバイト、エクサバイト）


velocity   ：更新頻度が高い
           （例えば、数ミリ秒、数秒）                      ビッグデータ


variety    ：多様化に富む
           （構造化、非構造化データ、テキスト、
             映像、画像、デジタル信号など）
```

　企業は企業活動で得られたビッグデータを収集・蓄積し、データを分析（見える化※）し、そのデータをもとに施策の立案・実行し、その結果さらなるビッグデータを自然に発生させ、それをまた収集・蓄積するという具合に、これを繰り返す仕組みをつくろうとしている。

　データを分析（見える化）する場合には、非構造化の情報（図や画像のほか、例えば、

第2章　情報産業の現状と将来

販売情報であれば購入理由や利用実感などの文章表現など）を、いかに他の非構造化の情報や構造化の情報である顧客情報（年齢、性別、住所など）と紐付けるかが鍵となるが、メールアドレスが一番有効とされている。過去の行動パターンの解析※は既に可能な技術である。ただし、これでは施策の立案・実行に繋がらない。非構造化の情報を分析し、いかに将来の行動パターンを見い出すことができるかが重要となる。また、今までは、販売であれば「購入してくれた顧客」の分析が対象であったが、ここでは、例えば「購入画面を検索していたが、途中でやめて購入をしなかった人」なども対象となってくる。ここまでの分析や施策の立案は、データサイエンティスト※といわれていた人が行うが、ここまででは商売として儲けることはできない。さらにビッグデータの活用で重要なのは、販売情報の例では、同じ行動パターンの顧客に絞った特定メッセージを行ったり、個人に対して好みの商品を紹介したり、購入者に直接お礼のメッセージを送ったりしてさまざまな演出を行う必要があることであり、それを立案することをデータアナリティクス※という。企業では、データアナリティクスの素養を含んだデータサイエンティストの育成が必要とされる。そうなると単に、統計学の知識に長けているものではなく、人の心を掴むような芸術的な感性を持つ人材も必要とされている。

注釈

※**多様性**：多様は、いろいろの種類がある様子。性は、・・・の状態。
（出典：『新明解国語辞典　第七版』三省堂）

※**構造化**：構造は、機械や組織などの構成のしかた。化は、今までと違った状態になる。（出典：『新明解国語辞典　第七版』三省堂）
　なお、ここでは、リレーショナルモデルをベースとしたデータベースに格納できる状態を指す。

※**RFID**：（Radio Frequency Identification）微小な無線チップにより人やモノを識別・管理する仕組み。（出典：IT用語辞典 e-Words）

※**非構造化データ**：リレーショナルモデルをベースとしたデータベースに格納できないデータ。紙媒体をそのままPDF化したものや、文章をそのまま電子化したもの、音楽・写真・映像などのデジタル媒体のコンテンツなどである。

※**見える化**：ここでは、企業活動で得られたデータと、それをもとに様々な状況を想定し、加工したデータをつねに閲覧できるようにしておくこと。

※**解析**：複雑な構造を持つものの仕組みを解明するために細かく分析すること。
（出典：『新明解国語辞典　第七版』三省堂）

※**データサイエンティスト**：昨今、センサー・通信機器の発達、ネットサービスの普及などにより、収集・蓄積が可能なデータの種類と量が急激に増大しております。そして、これらの膨大なデータ（ビッグデータ）から、ビジネスに活用する知見を引き出す中核人材として「データサイエンティスト」に注目が集まっております。
　この流れを受けて、企業では当該人材の獲得・育成に力を入れようとしておりますが、実際には新しい職業である「データサイエンティスト」には明確な定義がなく、対応領域も広いことから、様々な課題も生まれています。

第2章　情報産業の現状と将来

（出典：一般社団法人データサイエンティスト協会「設立の背景」
http://www.datascientist.or.jp/about/）
　なお、データサイエンティストには、単にデータの分析だけでなくデータアナリ
ティクスの要素も含まれている。
※データアナリティクス：ここでは、ビッグデータを有効に活用できるようにする活
　動である。

（1）ビッグデータ活用の事例

【事例①】
「加速するコマツのIoT戦略、「顧客志向」が成功の源泉に

　　国内製造業によるIoT※（モノのインターネット）活用サービスの成功
事例として真っ先に挙げられるのが、建設機械大手・小松製作所（コマ
ツ）の機械稼働管理システム「KOMTRAX（コムトラックス）」だろう。建
機の位置情報や車両情報を通信で取得することによって、保守管理から
省エネ運転に至るまで顧客にさまざまなサービスを提供している。（後
略）」

　　（出典：加速するコマツのIoT戦略、「顧客志向」が成功の源泉に
　　http://monoist.atmarkit.co.jp/mn/articles/1612/02/news017.html）

　　「KOMTRAX（コムトラックス）」は、2016年6月までで搭載台数が全世界
で累計42万台を超えているとのことである（コマツ　黒本和憲　専務に聞
く「IoT戦略」、CPSはインダストリーが大きく変わる転機だ
https://www.sbbit.jp/article/cont1/32666より）。
　建設機械について、稼働状況の遠隔監視することにより、位置情報か
らは、盗難防止はもちろんであるが、稼働が多いことで建設需要が増大
する地域の予測が可能となる(営業活動に貢献)。また、リース品の稼働
状況により、リース先の顧客の経営状況が想定でき、与信※管理に役立
つ。車両内情報を収集することで、顧客への省エネ運転の指導や消耗品
の交換時期を適切に顧客へ連絡できる(顧客満足度向上)。

【事例②】
「[本田技術研究所] 数千万件の走行レコード分析、EV※の電池改良に生かす
　（前略）

　　ホンダの研究開発機関である本田技術研究所は、2012年7月に「バッテ
リー・トレーサビリティー・システム」を稼働させた。日米でリース販
売している「フィットEV」に搭載した電池の稼働状況を分析するシステ
ムだ。オーナーの許可を得た上で、フィットEVから車速や走行時のエネ

ルギー消費、電池残量といった情報に加え、位置情報や走行時の温度などをリアルタイムに収集。車載機器経由でクラウド上にアップロードし、複数の情報を束ねた「走行レコード」に加工する。2013年8月時点で約500台のEVから、数千万件のレコードを蓄積したという。

当面のデータ活用の目標は、充電システムや電池の改良などに役立てることだ。（中略）

レコードを詳細に分析することで、電池の劣化プロセスを理解できる。「将来的には、バッテリーの残存価値を評価できるようになり、中古市場でどれぐらいの値段がつくかも推定できるようになる」（武政主任研究員）。

システムで収集したデータは、モーターや駆動部品の改良にも使える。今後はEVだけでなく、ガソリン車の競争力強化にも、システムを応用していく。」

（出典：［本田技術研究所］数千万件の走行レコード分析、EVの電池改良に生かす http://itpro.nikkeibp.co.jp/article/COLUMN/20131113/517747/?ml）

【事例③】
「JR東日本のICカード・Suicaの情報

JR東日本のICカード・Suicaの情報（乗降履歴＝ビッグデータ）が、2013年6月末に販売開始されたが、発売直後から「個人情報保護の観点で問題があるのでは？」という指摘が、同社に対し多数寄せられ、2013年9月には販売を中止した。この件は、ビッグデータを活用する際に注意しなければならない点を示している。

以下の要因が考えられる。
1) 利用者への事前説明や情報公開を怠っていた。
2) オプトアウト※の手続きを周知していなかった。
3) データ提供先企業によるデータの流用・悪用を防ぐための統制手段が不明瞭だった
4) 利用目的に対して、データの精度が不必要に高かった。（匿名化されていなかった）
5) 利用者に直接還元されるメリットを示せなかった。
6) データ活用の目的が公共性に乏しかった。

1)、2)は新聞やテレビが問題視し、1)～4)はプライバシー専門家が問題視し、1)～6)は利用者が気持ち悪さ、不安、不満を感じた。今回販売するビッグデータは、まったく個人情報ではない。問題になってしまった原因は、細かい内容がわかりづらいまま、データ販売の事実だけが報道されてしまったためだろう。」

（出典：『日経コンピュータ』2013.10.17記事抜粋）

第2章　情報産業の現状と将来

本件は、個人情報保護法に違反しているわけではないが、ビッグデータを提供する際にどこまでデータを加工すればよいか、自由に活用するためにはどのようにSuica利用者に説明すればよかったのか、考えさせられることになった。なお、ビッグデータの利活用に関して「（2）個人情報保護法の改正」を参照されたい。

【事例④】
Yahoo! JAPANビッグデータレポート

「・衆議院議員選挙とYahoo!検索の驚くべき関係　－"Yahoo! JAPANビッグデータレポート"－（2012年12月28日から）

　Yahoo! JAPANが持つ膨大なデータをいろんな角度で分析することで新しい発見を見いだせるのではと取り組みをはじめた"Yahoo! JAPANビッグデータ"の一環として、12月16日に投票が行われた「第46回衆議院議員総選挙」の結果と、「Yahoo!検索」や「Yahoo!検索（リアルタイム）」などのビッグデータを比較・分析・調査してみました。

　そうしたところ、選挙結果とビッグデータには思いもよらない関連性が見つかったのです。」

「・ビッグデータ参院選議席予測を振り返る　－"Yahoo! JAPANビッグデータレポート"－（2013年7月30日から）

　参院選全体の獲得議席数ではどうなったのでしょうか。比例区と選挙区の数字を足し合わせた合計議席で比較をいたします。与党数76議席、野党数45議席と与野党でみると完全に一致しましたが、個別政党で見ると予測数値と少しずつずれており、今回の参院選で改選対象となった全121議席中、「相関モデル※」では105議席（87％）、「投影モデル」では111議席（92％）となりました。政治的な読みに基づかないデータ解析からの予測としてここまで一致したことには我々も少々驚いています。」

注釈

※**IoT**：（Internet of Things）コンピュータなどの情報・通信機器だけでなく、世の中に存在する様々なモノに通信機能を持たせ、インターネットに接続したり相互に通信することにより、自動認識や自動制御、遠隔計測などを行うこと。
（出典：IT用語辞典 e-Words）

※**与信**：金融機関が融資を行うときの、顧客に対する信用。
（出典：『新明解国語辞典 第七版』三省堂）

※**EV**：（Electric Vehicle）電気自動車（出典：『新明解国語辞典 第七版』三省堂）

第 2 章　情報産業の現状と将来

> **注釈**
> ※**オプトアウト**：本人の求めに応じて 当該本人の個人データの第三者提供を停止する手続き
> ※**相関モデル**：相関は、二つの物が密接に関係を持っていること。
> （出典：『新明解国語辞典 第七版』三省堂）
> なお、相関モデルは、その関係を表す仕組み（方程式）。

（2）個人情報保護法の改正

2013年12月、個人情報保護法の制度見直し方針案が決定し、2015年9月に国会で改正個人情報保護法が成立し、2017年5月30日施行された。

改正のポイントは以下の通りである。

「1．個人情報保護委員会の新設

個人情報取扱事業者に対する監督権限を各分野の主務大臣から委員会に一元化。

2．個人情報の定義の明確化

①利活用に資するグレーゾーン※解消のため、個人情報の定義に身体的特徴等が対象となることを明確化。

②要配慮個人情報（本人の人種、信条※、病歴など本人に対する不当な差別又は偏見が生じる可能性のある個人情報）の取得については、原則として本人同意を得ることを義務化。

3．個人情報の有用性を確保（利活用）するための整備

匿名加工情報（特定の個人を識別することができないように個人情報を加工した情報）の利活用の規定を新設。

4．いわゆる名簿屋対策

①個人データの第三者提供に係る確認記録作成等を義務化。（第三者から個人データの提供を受ける際、提供者の氏名、個人データの取得経緯を確認した上、その内容の記録を作成し、一定期間保存することを義務付け、第三者に個人データを提供した際も、提供年月日や提供先の氏名等の記録を作成・保存することを義務付ける。）

②個人情報データベース等を不正な利益を図る目的で第三者に提供し、又は盗用する行為を「個人情報データベース提供罪」として処罰の対象とする。

5．その他

①取り扱う個人情報の数が5,000以下である事業者を規制の対象外とする制度を廃止。

②オプトアウト規定を利用する個人情報取扱事業者は所要事項を委員会に

届け出ることを義務化し、委員会はその内容を公表。（※本人の求めに応じて当該本人が識別される個人データの第三者への提供を停止する場合、本人の同意を得ることなく第三者に個人データを提供することができる。）

③外国にある第三者への個人データの提供の制限、個人情報保護法の国外適用、個人情報保護委員会による外国執行当局への情報提供に係る規定を新設。」

（出典：個人情報保護委員会ウェブサイト
https://www.ppc.go.jp/files/pdf/1706_kihon.pdf）

　ビッグデータの利活用に注目すると、今回の改正で顔や指紋の認識データなど身体的な特性に関わる情報の取り扱いが明示的に加わり、本人の同意がなくても、個人が特定できないような加工をすれば、企業がデータを提供できる仕組みも規定されている。「２．①」については曖昧であった個人情報の定義(身体の一部の特徴、サービス利用や書類において対象者ごとに割り振られる符号などを含める)を明確にしている。「３．」については、ビッグデータを匿名加工情報として取り扱う際の具体的な事例が、個人情報保護委員会のガイドラインで定められている。

> **注釈**
>
> ※**グレーゾーン**：相反する二つの領域のうち、どちらに属するとも判断しがたいあいまいな部分。中間領域。（出典：『新明解国語辞典　第七版』三省堂）
> ※**信条**：信仰の箇条。（広義では、正しいと信じて実行している事柄をも指す。）
> （出典：『新明解国語辞典　第七版』三省堂）

第2章　情報産業の現状と将来

2.3 スマートコミュニティの実現

（1）エネルギー基本計画

　経済産業省ではエネルギー・環境政策の一環としてスマートグリッド※・スマートコミュニティ（スマートシティ）を施策としている。エネルギーの供給側と需要側をITなどで連結して最適活用を進めるのが、次世代送配電網とも呼ばれるスマートグリッドで、スマートコミュニティは、それを基盤とする街づくりを指す。

　平成26年4月に「エネルギー基本計画」が閣議決定された。その意義は、同計画によると「スマートコミュニティの導入が進めば、ディマンドリスポンス※等によりエネルギー供給の効率化が図られる。また、需要に応じて多様なエネルギー源を組み合わせて供給することによって、コミュニティ内全体では、平常時には、大幅な省エネルギーを実現するとともに、非常時には、エネルギーの供給を確保することが可能となり、生活インフラを支え、企業などの事業継続性も強化する効果が期待される。」というものである。

図表2.3-1. スマートコミュニティのイメージ

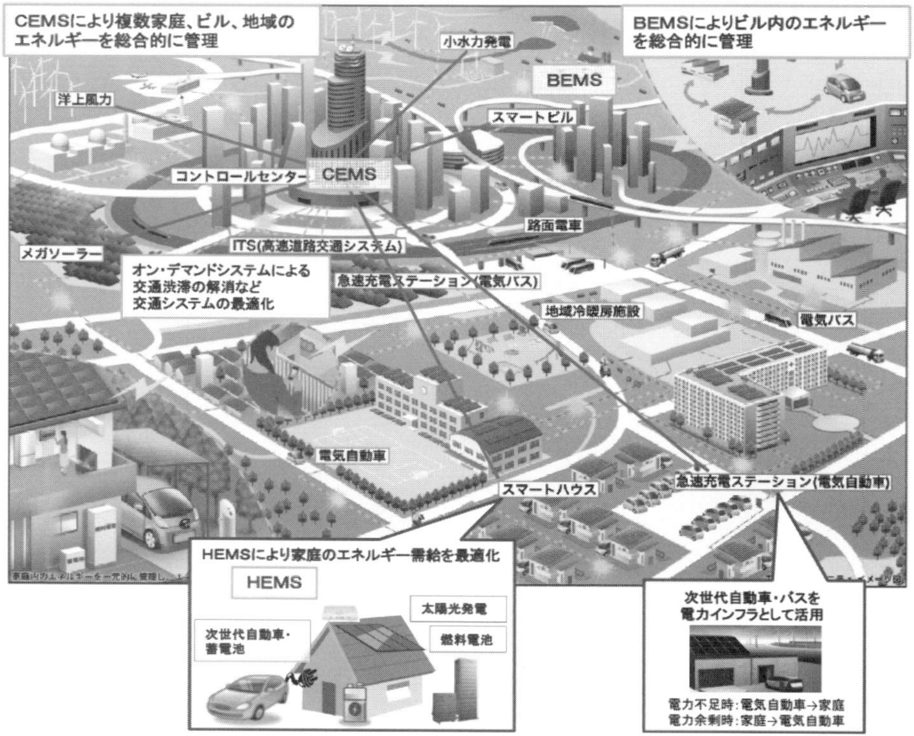

（出典：経済産業省サイト「スマートコミュニティのイメージ」
http://www.meti.go.jp/policy/energy_environment/smart_community/doc/smartcommu.pdf）

第2章　情報産業の現状と将来

　　我々の社会生活において、重要課題といえば、エネルギーの枯渇、温暖化の進行、少子高齢化が挙げられる。これらの課題に対して、スマートコミュニティを実現することにより解決あるいは緩和させることができると考えられている。ますますIT産業は、スマートコミュニティの実現に向けた事業が多くなってくるものと思われる。

　　現在私たちが使っているPCやモバイル端末以外にも、テレビや冷蔵庫などの家電のほか、医療機器やさまざまなセンサーなどインターネットへ繋がるデバイスが増えてきている。いわゆる「モノのインターネット」（Internet of Things=IoT※）は、スマートコミュニティを実現するためには必要なことである。

　　ただし、インターネットへ繋がるデバイスが増えるということは、それだけマルウェアの被害にあう可能性が増すということである。家電がボットネット型マルウェアを使って他人のコンピュータを操る危険性があることをIT技術者として気に留めておく必要がある。

注釈

※**スマートグリッド**：(smart grid)電力の流れをIT技術によって供給側・需要側の両方から制御・最適化した次世代送電網。（出典：『新明解国語辞典　第七版』三省堂）
※**ディマンドリスポンス**：（Demand Response）卸市場価格の高騰時または系統信頼性の低下時において、電気料金価格の設定またはインセンティブの支払に応じて、需要家側が電力の使用を抑制するよう電力消費パターンを変化させること。
（出典：経済産業省「デマンドレスポンス（Demand Response）について」）

（2）スマートコミュニティの国内実証

　　平成23年度より、多くの住民、自治体、企業の参画のもと、さまざまなパターンの代表例を構成する全国4つの地域（横浜市、豊田市、けいはんな※、北九州市）で、大規模なスマートコミュニティ実証事業を展開中である。

① 横浜市

　　広域大都市型。広域な既成市街地にエネルギー管理システムを導入。サンプル数が多く（4000世帯）、多様な仮説を実証可能である。

② 豊田市

　　戸別住宅型。67戸において家電の自動制御。車載型蓄電池を家庭のエネルギー供給に役立てる。運転者に対して渋滞緩和の働きかけを行う。

③ けいはんな

　　住宅団地型。新興住宅団地にエネルギー管理システムを導入。約700世帯を対象に、電力需給予測に基づき翌日の電力料金を変動させる料金体系を実施する。

44

第 2 章　情報産業の現状と将来

④ 北九州市

　　特定供給エリア型。新日鐵により電力供給が行われている区域において、
50事業所、230世帯を対象に、電力料金を変動させる料金体系を実施する。

注釈

※**けいはんな**：京都府、大阪府、奈良県の3府県にまたがる緑ひろがる丘陵地域に1987
年に建設が始まりました。3府県の頭文字をとって"けいはんな学研都市"と呼んでい
ます。
（出典：公益財団法人関西文化学術研究都市推進機構「it is けいはんな」）

第2章　情報産業の現状と将来

2.4　新産業構造ビジョン

　平成27年6月30日、「日本再興戦略」改訂2015が閣議決定された。IoT・ビッグデータ・人工知能(AI)時代の到来により、今後数年間で社会の様相が激変したとしても不思議はないとしている。それを受けて、平成27年9月17日産業構造審議会に「新産業構造部会」が立ち上がり、平成29年5月30日に新産業構造ビジョンが取りまとめられた。新産業構造ビジョンにおいて、新産業構造ビジョン実現のための中長期的な課題と以下5項目が「2030年代に目指すべき方向性」として報告され、日本の基本的な戦略と、各戦略分野における具体的戦略の考え方が示された。中長期的な課題を解決するための制度改革などを加速するため、関係省庁と企業などによる「突破口プロジェクト」が立ち上った。

　「2030年代に目指すべき方向性
・個々人の、日本の、世界の抱える課題にタブーなく、いち早く挑戦し、解決を目指す、それぞれの真のニーズに対応する社会。
・変革期に必要な若者の情熱と才能を存分に解き放ち、それゆえ、人材が育ち、世界からも才能が集まる社会。
・不確実性の時代だからこそ、多様性とチャレンジを一層許容し、アントレプレーナーシップ(起業家精神)に富む社会。
・新技術等をいち早く取込み、スピーディかつグローバルに展開・刷新することで、未来を変える期待感にあふれる社会。
・絶え間ないイノベーションにより、成長と格差是正の両立を実現する世界に類を見ない社会。」
（出典：経済産業省ホームページ　「新産業構造ビジョン」をとりまとめました〜「一人ひとりの、世界の課題を解決する日本の未来」を発表いたしました〜http://www.meti.go.jp/press/2017/05/20170530007/20170530007.htmlの関連資料より）

　「突破口プロジェクト」など新産業構造ビジョンの詳細は、経済産業省ホームページを参照されたい。

参考文献・参考ホームページ

- 「i-Japan戦略2015　〜国民主役の「デジタル安心・活力社会」の実現を目指して〜」（総務省IT戦略本部　平成21年7月6日）
- 「総務省i-Japan戦略2015　資料4」
  http://www.kantei.go.jp/jp/singi/it2/hyoukasenmon/dai01/siryou4.pdf
- 『マイナンバーがやってくる：共通番号制度の実務インパクトと対応策』（市民が主役の地域情報化推進協議会番号制度研究会編　森田朗監修　日経BP社発行）
- 医療事故とは（弁護士法律相談センター）
  https://www.avance-lpc.com/medical/01.html
- 「社会保障・税番号制度」（内閣官房）
  http://www.cas.go.jp/jp/seisaku/bangoseido/
- 「Application Delivery Strategies」（META Group Date : 6 February 2001 File;949 Author:Doug Laney）
  http://blogs.gartner.com/doug-laney/files/2012/01/ad949-3D-Data-Management-Controlling-Data-Volume-Velocity-and-Variety.pdf
- 加速するコマツのIoT戦略、「顧客志向」が成功の源泉に
  http://monoist.atmarkit.co.jp/mn/articles/1612/02/news017.html
- ［本田技術研究所］数千万件の走行レコード分析、EVの電池改良に生かす（ITPRO 2014年1月20日）
  http://itpro.nikkeibp.co.jp/article/Active/20140108/528627/
- 「Suica履歴販売」は何を誤ったのか（「日経コンピュータ」2013年10月17日）
- 「パーソナルデータの利活用に関する制度見直し方針の概要」（首相官邸サイト）
  http://www.kantei.go.jp/jp/singi/it2/kettei/pdf/gaiyou131220-1.pdf
- 衆議院議員選挙とYahoo!検索の驚くべき関係　−"Yahoo! JAPANビッグデータレポート"−（2012年12月28日）
  http://searchblog.yahoo.co.jp/2012/12/yahoobigdata_senkyo.html
- ビッグデータ参院選議席予測を振り返る−"Yahoo! JAPANビッグデータレポート"−（2013年7月30日）
  http://event.yahoo.co.jp/bigdata/senkyokekka201307/
- 個人情報保護委員会ウェブサイト
  https://www.ppc.go.jp/
- 「次世代エネルギー・社会システム実証事業〜進捗状況と成果等〜」（資源エネルギー庁省エネルギー・新エネルギー部　平成26年4月24日）
- 「スマートコミュニティ構築に向けた取組」（資源エネルギー庁省エネルギー部・新エネルギー部新産業・社会システム推進室、総務省情報通信国際戦略局通信規格課　平成26年2月）

第2章　情報産業の現状と将来

■　首相官邸ホームページ　「日本再興戦略改訂2015　－未来への投資・生産性革命－」

http://www.kantei.go.jp/jp/singi/keizaisaisei/kettei.html#saikou2015

■　経済産業省ホームページ　「新産業構造ビジョン」をとりまとめました～「一人ひとりの、世界の課題を解決する日本の未来」を発表いたしました～

http://www.meti.go.jp/press/2017/05/20170530007/20170530007.html

第3章
ITの職種

3.1 職業分類と情報処理技術者試験

3.2 IT人材に求められる職種

3.3 マルチメディア系の職種と資格

3.4 医療情報技師資格

3.5 その他の民間資格、ベンダ資格

第3章　ITの職種

3.1　職業分類と情報処理技術者試験

　法人企業であろうが個人企業であろうがIT産業とまったく無縁の企業はないといってもよく、「情報処理技術を提供するもの」と「提供された情報処理技術を利活用するもの」に考え方として大きく2つに分類される。これは企業の事業そのものが2つのうちどれかに分類されるのではなく、企業内の部署で分類されたり、両方を担う部署では部署内の従業員の役割が2つに分類されたり、あるいは同時に役割を担っていたりする場合がほとんどで区別することはできない。

　IT業界の業種を分類することは、非常に難しいが、一つに総務省 統計局発表の日本標準職業分類が存在する。

　1960年3月の日本標準職業分類では、まだ情報処理技術者という項目は登場していない。1970年3月の第1回改訂で情報処理技術者、そして事務従事者としての電子計算機操作者とせん孔機※など操作者が登場した。2009年12月の第5回改訂では、以下の分類となっている。

　　　中分類　10－情報処理・通信技術者
　　　　　　101　システムコンサルタント
　　　　　　102　システム設計者
　　　　　　103　情報処理プロジェクトマネージャ
　　　　　　104　ソフトウェア作成者
　　　　　　105　システム運用管理者
　　　　　　106　通信ネットワーク技術者
　　　　　　109　その他の情報処理・通信技術者
　　　中分類　31－事務用機器操作員
　　　　　　311　パーソナルコンピュータ操作員
　　　　　　312　データ・エントリー装置操作員
　　　　　　313　電子計算機オペレーター（パーソナルコンピュータを除く）
　　　　　　319　その他の事務用機器操作員

　本書では、IT業界を大きく情報サービス産業※（ソフトウェア）、コンピュータ機器産業※（ハードウェア）、通信産業※（コミュニケーション）に分類し、特に情報サービス産業の視点で述べていく。

第3章　ITの職種

　また、情報処理技術者試験※の変遷をみると1994年度春期時点と2017年秋期時点では以下のように試験区分の違いがある。

【1994年春期まで】
　　情報処理システム監査技術者試験
　　特種情報処理技術者試験
　　オンライン情報処理技術者試験
　　第一種情報処理技術者試験
　　第二種情報処理技術者試験

【2017年秋期時点】（春期のみ実施、随時実施を含む）
　　ITパスポート試験
　　情報セキュリティマネジメント試験
　　基本情報技術者試験
　　応用情報技術者試験
　　ITストラテジスト試験
　　システムアーキテクト試験
　　プロジェクトマネージャ試験
　　ネットワークスペシャリスト試験
　　データベーススペシャリスト試験
　　エンベデッドシステムスペシャリスト試験
　　ITサービスマネージャ試験
　　システム監査技術者試験

　1994年春期までは、プログラマーを対象とした第一種情報処理技術者試験、第二種情報処理技術者試験とシステムエンジニアを対象とした特種情報処理技術者試験のほかには、情報システムの監査※、オンラインシステムの専門家を対象とした試験のみであった。専門性を要求される職域に対してはメーカーの専門家を除くと特種情報処理技術者、オンライン情報処理技術者に包含されていた。
　IT技術の急激な進展で、システム開発における成果物の要素には、より専門性が必要となったことから、IT人材に求められる職種が明確化した。これに伴い、情報処理技術者試験は2017年秋期時点では、次に示す12の試験区分となった。特に、情報セキュリティの重要性が高まり、ITを利用する企業における情報セキュリティ人材不足を解消するため、情報セキュリティマネジメント試験が2016年春期から開始された。また、情報セキュリティスペシャリスト試験を2016年秋期に終了し、2017年春期から、情報処理安全確保支援士制度の開始に伴い、情報処理技術者試験とは別に情報処理安全確保支援士試験が開始された。

51

第3章　ITの職種

情報処理安全確保支援士試験に合格すると、情報処理安全確保支援士としての登録が可能
となる。

■■■　図表3.1-1．情報処理技術者試験の体系　■■■

レベル	情報システム／組込みシステム							
	ベンダ側／ユーザ側							独立
4	ITストラテジスト試験	システムアーキテクト試験	プロジェクトマネージャ試験	ネットワークスペシャリスト試験	データベーススペシャリスト試験	エンベデッドシステムスペシャリスト試験	ITサービスマネージャ試験	システム監査技術者試験
3	応用情報技術者試験							
2	情報セキュリティマネジメント試験				基本情報技術者試験			
1	ITパスポート試験							

（IPAの「情報技術者試験の概要」と「シラバス」を基に作成）

> **注釈**
>
> ※**せん孔機**：コンピュータにプログラムやデータを入力するためのカードや紙テープ
> に穴をあける機械。
> ※**情報サービス産業**：ITを活用したサービスを提供する「情報サービス産業」には、
> 以下の業種が含まれます。
> ―情報サービス業
> 　ソフトウェア業：プログラム作成、情報システム開発、ソフトウェア作成コンサ
> 　ルタントなど
> 　情報処理・提供サービス業：計算センター、データベースサービスなど
> ―インターネット附随サービス業：ウェブ情報検索サービス、インターネット・ショ
> 　ッピング・サイト運営、アプリケーションサービスプロバイダ（ASP）、情報ネッ
> 　トワーク・セキュリティ・サービス業など
> （出典：「情報サービス産業の紹介」経済産業省）

第3章 ITの職種

※**コンピュータ機器産業**：コンピュータやその周辺機器の製造・販売
※**通信産業**：通信事業者は、音声通話やデータ通信をはじめとする各種の通信サービスを提供する企業。日本の法律上の用語では「電気通信事業者」。
 （出典：IT用語辞典 e-Words）
 なお、ここでは、通信事業者としての事業を行う産業を指す。
※**情報処理技術者試験**：（Information Technology Engineer examination）国内の情報処理に関する国家試験の総称。経済産業省の指定試験機関である独立行政法人情報処理推進機構（IPA）の情報処理技術者試験センターによって行われている。年に2回開催され、4月試験と10月試験で実施される試験の種類が異なる。初級システムアドミニストレータ試験、基本情報技術者試験とソフトウェア開発技術者試験は4月と10月の年2回実施され、その他の試験は毎年1回いずれかの時期に実施されている。近年ではアジア各国の同等の資格との相互認証も行われている。
 （出典：IT用語辞典 e-Words）
※**監査**：（事業の執行・会計などを）監督し検査すること。
 （出典：『新明解国語辞典 第七版』三省堂）

（1）ITパスポート試験

 「先に情報産業とまったく無縁の企業はないと述べたが、IT技術者はもちろん、職業人として共通に備えておくべき情報技術に関する基礎的な知識を必要とするものが対象で、以下の知識、能力を要求している。

　・利用する情報機器およびシステムを把握するために、コンピュータシステムやネットワークに関する知識を持ち、オフィスツール※を活用できる。
　・担当業務を理解するために、企業活動や関連業務の知識を持つ。
　・担当業務の問題把握および必要な解決を図るために、システム的な考え方や論理的な思考力を持ち、かつ、問題分析および問題解決手法に関する知識を持つ。
　・安全に情報を活用するために、関連法規や情報セキュリティに関する各種規定に従って活動できること。
　・業務の分析やシステム化の支援を行うために、情報システムの開発および運用に関する知識を持つ。」
　（参考：IPA試験区分一覧 ITパスポート試験（IP）
　　　　 https://www.jitec.ipa.go.jp/1_11seido/ip.html）

注釈 ※**オフィスツール**：ビジネス用として仕事をサポートするために使用されるワープロソフト、表計算ソフト、プレゼンテーションソフトなどの各アプリケーションをそれぞれ連携して利用できるようにまとめた統合環境である。

第3章　ITの職種

（2）情報セキュリティマネジメント試験

　「情報システムの利用部門にあって、情報セキュリティリーダとして、部門の業務遂行に必要な情報セキュリティ対策や組織が定めた情報セキュリティ諸規程の目的・内容を適切に理解し、情報及び情報システムを安全に活用するために、情報セキュリティが確保された状況を実現し、維持・改善する者者が対象で、以下の知識、能力を要求している。

- ・部門の情報セキュリティマネジメントの一部を独力で遂行できること。
- ・情報セキュリティインシデントの発生又はそのおそれがあるときに、情報セキュリティリーダとして適切に対処できること。
- ・情報セキュリティ技術や情報セキュリティ諸規程に関する基本的な知識をもち、情報セキュリティ機関、他の企業などから動向や事例を収集し、部門の環境への適用の必要性を評価できること。」

　（参考：IPA試験区分一覧　情報セキュリティマネジメント試験(SG)

　　　　https://www.jitec.ipa.go.jp/1_11seido/sg.html)

（3）基本情報技術者試験

　「IT技術者となるために、必要な基本的知識・技能を持ち、実践的な活用能力を身に付けた者が対象で、以下の知識、能力を要求している。

- ・情報技術を活用した戦略立案やシステムの設計・開発・運用に関し、業種・業務に関する基本的な事項、情報技術全般に関する基本的な事項を理解している。
- ・担当業務に応じて上位者の指導の下に担当業務を実行でき、提案ができること。」

　（参考：IPA試験区分一覧　基本情報技術者試験　（FE)

　　　　https://www.jitec.ipa.go.jp/1_11seido/fe.html)

（4）応用情報技術者試験

　「IT技術者となるために、必要な応用的知識・技能を持ち、さらにより高いレベルのIT技術をこなしていくことができる者が対象で、以下の知識、能力を要求している。

- ・情報技術を活用した戦略立案に関し経営者の方針を理解し、経営を取り巻く外部環境を正確に捉え、動向や事例を収集できる。
- ・経営戦略・情報戦略の評価に際して、定められたモニタリング指標※に基づき、差異分析などを行える。アーキテクチャの設計において、システムに対する要求を整理し適用できる技術の調査が行え、運用管理チーム、オペレーション※チーム、サービスデスク※チームなどのメンバーとして、担当分野におけるサービス提供と安定稼働の確保が行える。
- ・プロジェクトメンバーとして、プロジェクトマネージャ（リーダ）の下でスコープ、予算、工程、品質などの管理ができる。

第3章　ITの職種

・情報システム、ネットワーク、データベース、組込みシステム※などの設計・開発・運用・保守において、上位者の方針を理解し、自ら技術的問題を解決できる。」

（参考：IPA試験区分一覧　応用情報技術者試験(AP)

https://www.jitec.ipa.go.jp/1_11seido/ap.html)

注釈

※**モニタリング指標**：モニタリングは、自然環境や市場の状況などを継続的に観測・監視すること。指標は、何かを指し示す目印となるもの。

（出典：『新明解国語辞典　第七版』三省堂）

※**オペレーション**：操作、運転、運用、手術、働き、実施、作用、作業、工程、操業、稼動、営業、運営、業務、作戦などの意味を持つ英単語。ITの分野では、ソフトウェアや装置、システムなどの操作や運用、管理、監視などの意味で用いられることが多い。（出典：IT用語辞典 e-Words）

※**サービスデスク**：ヘルプデスク。企業内で、顧客や社員など内外からの問い合わせに対応する部門。製品の使用方法やトラブル時の対処法、苦情への対応など様々な問い合わせを一括して受け付ける。IT業界で単にヘルプデスクといった場合には、情報システム部門の一部で、他部門の従業員から業務システムや社内のIT機器に関する質問や問い合わせ、要望、不具合などへの対処要請などを受け付ける担当部局や担当者(社内ヘルプデスク)のことを意味することが多い。

（出典：IT用語辞典 e-Words）

※**組込みシステム**：(embedded system) 産業機器や家電製品などに内蔵される、特定の機能を実現するためのコンピュータシステム。これを制御するためのOSは「組み込みOS」という。パソコンなどの汎用のコンピュータシステムとは異なり、要求される機能や性能が極めて限定され、厳しいコスト上の制限から利用可能な資源に強い制約があるのが特徴。安価なCPUと少ないメモリ、プログラムを内蔵するROMからなり、ディスクも入出力機器もなし、という構成が多い。

（出典：IT用語辞典 e-Words）

（5）ITストラテジスト※試験

「IT技術者として確立した専門分野を持ち、企業の経営戦略に基づいて、ビジネスモデルや企業活動における特定のプロセスについて、情報技術を活用して改革・高度化・最適化するための基本戦略を策定・提案・推進する者。また、組込みシステムの企画および開発を統括し、新たな価値を実現するための基本戦略を策定・提案・推進する者が対象で、以下の知識、能力を要求している。

・事業企画、業務改革推進、情報化企画、製品・サービス企画などの部門において、情報技術を活用した基本戦略の策定・提案・推進を遂行するため、事業環境分析、情報技術動向分析、ビジネスモデル※策定への助言を行い、事業戦略を策定または支援できる。

・事業戦略の達成度を評価し、経営者にフィードバック※できる。

55

第3章　ITの職種

・対象となる事業・業務環境の調査・分析を行い、情報システム戦略や全体システム化計画を策定できる。
・情報システム戦略や全体システム化計画を評価できる。対象となる事業・業務環境の調査・分析を行い、全体システム化計画に基づいて個別システム化構想※・計画を策定し、適切な個別システムを調達できる。
・システム化構想・計画の実施結果を評価できる。
・情報システム戦略や改革プログラム※実施の前提条件を理解し、情報システム戦略実現のモニタリングとコントロール※ができる。
・情報システム戦略実現上のリスクについて、原因分析、対策策定、対策の実施などができる。
・新たな組込みシステムの開発に関し、関連技術動向※、社会的制約・要請、知的財産などの分析結果に基づき、競争力のある組込みシステムを企画するとともに、付加価値、拡張性、柔軟性などを踏まえ、その展開戦略や開発戦略を策定・推進できる。」

（参考：IPA試験区分一覧　ITストラテジスト試験（ST）
　　　　 https://www.jitec.ipa.go.jp/1_11seido/st.html）

注釈

※**ストラテジスト**：ストラテジーは、事業や販売活動などで、目標達成のための高度な手法や手段。（出典：『新明解国語辞典　第七版』三省堂）
なお、ストラテジストは、ストラテジーの立案者である。

※**ビジネスモデル**：ビジネスの仕組み。事業として何を行い、どこで収益を上げるのかという「儲けを生み出す具体的な仕組み」のこと。特に、コンピュータやインターネットなどの情報システムを活用した新しいビジネス手法のことを指す場合もある。これを特許にしたものが「ビジネスモデル特許」である。英語では「business method」と呼び、「business model」とは言わないが、日本に最初に紹介されたときに「ビジネスモデル」という用語が使われたことから、現在でもこの言い方が定着している。（出典：IT用語辞典　e-Words）

※**フィードバック**：得られた原案などについて、もう一度、元にもどし、さらに新しい情報などを参考にして検討・調整する（こと）。
（出典：『新明解国語辞典　第七版』三省堂）

※**構想**：これからしようとする物事について、その全体の構成や実行していく手順などについて考えをまとめ上げること。また、そのまとめ上げた考え。
（出典：『新明解国語辞典　第七版』三省堂）

※**改革プログラム**：改革は、古くなった（不都合な）制度や機構を、新しい時代に適応するものに改めること。（出典：『新明解国語辞典　第七版』三省堂）
ここでのプログラムは、改革の実行に先立ってその手順を書いたもの。

※**コントロール**：行き過ぎのない（自分の思い通りに行動させる）ように、操作・調節すること。（出典：『新明解国語辞典　第七版』三省堂）

第3章　ITの職種

> ※**動向**：その時々の社会の人々が、どういう傾向をもって動いているかということ。
> （出典：『新明解国語辞典 第七版』三省堂）

（6）システムアーキテクト試験

「IT技術者として確立した専門分野を持ち、ITストラテジストによる提案を受けて、情報システムまたは組込みシステムの開発に必要となる要件※を定義し、それを実現するためのアーキテクチャ※を設計し、情報システムについては開発を主導する者が対象で、以下の知識、能力を要求している。

- ・システムアーキテクトの業務と役割を円滑に遂行するため、情報システムに関しては、情報システム戦略を正しく理解し、業務モデル※・情報システム全体体系を検討できる。
- ・各種業務プロセスについての専門知識とシステムに関する知識を有し、双方を活用して、適切なシステムを提案できる。
- ・企業のビジネス活動を抽象化（モデル化）して、情報技術を適用できる形に再構成できる。
- ・業種ごとのベストプラクティス※や主要企業の業務プロセスの状況、同一業種の多くのユーザー企業における業務プロセスの状況、業種ごとの専門知識、業界固有の慣行※などに関する知見※を持つ。
- ・情報システムの実現方式、開発手法、ソフトウェアパッケージ※などの汎用※的なシステムに関する知見を持ち、適切な選択と適用ができる。
- ・OS、データベース、ネットワークなどに関わる基本的要素技術に関する知見を持ち、その技術リスクと影響を勘案し、適切な情報システムを構築し、保守できる。
- ・情報システムのシステム運用、業務運用、投資効果および業務効果について、適切な評価基準を設定し、分析・評価できる。多数の企業への展開を念頭において、ソフトウェアや、システムサービスの汎用化を検討できる。

組込みシステムでは開発を主導する者が対象で、以下の知識、能力を要求している。

- ・対象とする組込みシステムが用いられる環境条件や安全性などの品質要件を吟味し、実現すべき機能仕様を決定できる。
- ・対象とする組込みシステムの機能仕様に基づき、ハードウェアとソフトウェアの適切な組合せを設計し、それぞれの要求仕様としてまとめることができる。
- ・リアルタイムOS※に関する深い知識と汎用的なモジュールに対する知識を有し、ソフトウェア資産の再利用可能性の検討や、適切な活用ができる。」

（参考：IPA試験区分一覧　システムアーキテクト試験（SA）

https://www.jitec.ipa.go.jp/1_11seido/sa.html）

第3章　ITの職種

> **注釈**
>
> ※**要件**：必要な条件。（出典：『新明解国語辞典 第七版』三省堂）
> なお、ここでは、要求は、経営上の要望（漠然と成果を期待するもの）を経営上の成果を確実に期待するものとして求めるもので、この要求を、機能や非機能が含まれるシステムに対する要望（ハードウェア、ソフトウェア、運用＝人による行動、の区別はまだ漠然としているもの）として、求めるものが（システム）要件である。
>
> ※**アーキテクチャ**：コンピュータシステム全体の設計思想・構成方式。
>
> ※**業務モデル**：業務は、趣味や依頼・ボランティアではなく、職業・事業として行う仕事。モデルは、見本。手本。規範。（出典：『新明解国語辞典 第七版』三省堂）
>
> ※**ベストプラクティス**：プラクティスは、何かを達成するために実行することで、ベストプラクティスは、そのための最も効率や効果のある手法、活動、モデルなどを指す。
>
> ※**慣行**：その組織内で、明文化されていないが、団結・親睦などのために必要なものとして従来行われてきたし、将来も行われることが期待される取り決めや一定の手順などの数かず。（出典：『新明解国語辞典 第七版』三省堂）
>
> ※**知見**：（知識と見解の意）獲得・蓄積された専門的知識と、一連の現象をいかに考えるかという総合的観点。（出典：『新明解国語辞典 第七版』三省堂）
>
> ※**ソフトウェアパッケージ**：店頭で販売されているソフトウェア製品、または、出来合いの市販ソフトウェア製品のこと。（出典：IT用語辞典 e-Words）
>
> ※**汎用**：広くいろいろの用途に使うこと。（出典：『新明解国語辞典 第七版』三省堂）
>
> ※**リアルタイムOS**：処理をリアルタイムに実行することを重視し、そのための機能を実装したOSのこと。産業機械を制御するコンピュータなどでは、応答時間が一定の範囲内にあることが要求されるため、OSにもリアルタイム性を実現するための様々な機構が必要とされる。そのため、リアルタイムOSには、必要な処理時間の予測を行う機能や、複数の処理要求が同時に発生した場合でも目的の時間内に完了させるための機構を備えている。計測機器や工作機械の制御装置などの組み込み分野で利用される。（出典：IT用語辞典 e-Words）

（7）プロジェクトマネージャ試験

「IT技術者として確立した専門分野を持ち、システム開発プロジェクトの責任者として、プロジェクト計画を立案し、必要となる要員や資源を確保し、計画した予算、納期、品質の達成について責任を持ってプロジェクトを管理・運営する者が対象で、以下の知識、能力を要求している。

- プロジェクトマネージャの業務と役割を円滑に遂行するため、組織運営およびシステム全般に関する基本的な事項を理解している。
- 個別システム化構想・計画およびプロジェクトへの期待を正しく認識し、実行可能なプロジェクト計画を立案できる。
- 前提・制約条件の中で、プロジェクトの目標を確実に達成できる。要員・資源・

第3章 ITの職種

予算・工程・品質などを管理し、プロジェクトの全体意識を統一して、プロジェクトを運営できる。
- ・プロジェクトの進捗状況や将来見込まれるリスクを早期に把握し、適切に対応できる。
- ・プロジェクトの計画・実績を適切に分析・評価できる。
- ・その結果をその後のプロジェクトの運営に活用できるとともに、ほかのプロジェクトの参考に資することができる。」

（参考：IPA試験区分一覧 プロジェクトマネージャ試験（PM）

https://www.jitec.ipa.go.jp/1_11seido/pm.html）

（8）ネットワークスペシャリスト試験

「IT技術者として確立した専門分野を持ち、ネットワークに関係する固有技術を活用し、最適な情報システム基盤の企画・要件定義・開発・運用・保守において中心的な役割を果たすとともに、固有技術の専門家として、情報システムの企画・要件定義・開発・運用・保守への技術支援を行う者が対象で、以下の知識、能力を要求している。
- ・目的に適合したネットワークシステムを構築※・維持※するため、ネットワーク技術・ネットワークサービスの動向を広く見通し、目的に応じて適用可能な技術・サービスを選択できる。
- ・企業・組織※、または個別アプリケーションの要求を的確に理解し、ネットワークシステムの要求仕様を作成できる。
- ・要求仕様に関連するモデリングなどの設計技法、プロトコル※技術、信頼性設計、セキュリティ技術、ネットワークサービス、コスト※などを評価して、最適な論理設計・物理設計ができる。
- ・ネットワーク関連企業（通信事業者、ベンダ※、工事業者など）を活用して、ネットワークシステムの構築・運用ができる。」

（参考：IPA試験区分一覧 ネットワークスペシャリスト試験（NW）

https://www.jitec.ipa.go.jp/1_11seido/nw.html）

注釈

※**構築**：しっかりした基盤の上に、すぐ壊れることが無いように、複雑に入り組んだ構造・配置を持つ一まとまりを作り上げること。（出典：IT用語辞典 e-Words）

※**維持**：今までと同様に一定の水準保って続けていくこと。
（出典：IT用語辞典 e-Words）

※**組織**：個々のものが何らかの秩序をもって全体を構成すること。また、その秩序ある全体。特に、官庁・会社・団体・組合などを指す。
（出典：『新明解国語辞典 第七版』三省堂）

※**プロトコル**：（protocol）手順、手続き、外交儀礼、議定書、協定などの意味を持つ英単語。通信におけるプロトコルとは、複数の主体が滞りなく信号やデータ、情報を相互に伝送できるよう、あらかじめ決められた約束事や手順の集合のこと。コン

59

第3章　ITの職種

ピュータ内部で回路や装置の間で信号を送受信する際や、通信回線やネットワーク
を介してコンピュータや通信機器がデータを送受信する際に、それぞれの分野で定
められたプロトコルを用いて通信を行う。英語しか使えない人と日本語しか使えな
い人では会話ができないように、対応しているプロトコルが異なると通信すること
ができない。（出典：IT用語辞典 e-Words）
※**コスト**：何かを製造するためにかかった費用。
　（出典：『新明解国語辞典 第七版』三省堂）
※**ベンダ**：売る人、売り手、売り主、販売者、販売店などの意味を持つ英単語。製品
やサービスを利用者に販売する事業者のことを意味する。販売する製品の種類や分
野を冠して「ハードウェアベンダ」「OSベンダ」「システムベンダ」のように「○○
ベンダ」という造語を構成することが多い。製品やサービスを買い手・利用者に対
して直に販売する者のことを指し、自らがその製品を開発・製造しているとは限ら
ない。製造元あるいは販売元のことは「メーカー（メーカ）」(maker)、買い手・利
用者のことは「ユーザー（ユーザ）」(user)あるいは「エンドユーザー」(end user)と
いう。

（9）データベース※スペシャリスト試験

「IT技術者として確立した専門分野を持ち、データベースに関係する固有技術を活用
し、最適な情報システム基盤の企画・要件定義・開発・運用・保守において中心的な
役割を果たすとともに、固有技術の専門家として、情報システムの企画・要件定義・
開発・運用・保守への技術支援を行う者が対象で、以下の知識、能力を要求している。
　・高品質なデータベースを企画、要件定義、開発、運用、保守するため、データベ
　　ース技術の動向を広く見通し、目的に応じて適用可能な技術を選択できる。
　・データ資源管理の目的と技法を理解し、データ部品の標準化、リポジトリシステ
　　ムの企画・要件定義・開発・運用・保守ができる。
　・データモデリング技法を理解し、利用者の要求に基づいてデータ分析を行い、正
　　確な概念データモデルを作成できる。
　・データベース管理システムの特性を理解し、高品質なデータベースの企画・要件
　　定義・開発・運用・保守ができる。」
　　（参考：IPA試験区分一覧 データベーススペシャリスト試験（DB）
　　　　　　https://www.jitec.ipa.go.jp/1_11seido/db.html）

注釈　※**データベース**：（コンピュータで）その領域において、相互に関連のある大量のデ
　　　ータを整理した形で補助記憶装置に蓄積しておき、必要に応じて直ちに取り出せる
　　　ようにした仕組み。（出典：『新明解国語辞典 第七版』三省堂）

第3章　ITの職種

(10) エンベデッドシステム※スペシャリスト試験

「IT技術者として確立した専門分野を持ち、組込みシステム開発に関係する広い知識や技能を活用し、最適な組込みシステム開発基盤の構築や組込みシステムの設計・構築・製造を主導的に行う者が対象で、以下の知識、能力を要求している。

- ・要求される機能、性能、品質、信頼性、セキュリティなどをハードウェアへの要求とソフトウェアへの要求に適切に分解し、最適な組込みシステムとして実現するため、機能仕様に基づき、ハードウェアとソフトウェアの適切な組合せを実現し、組込みシステム開発における各工程を主導的に遂行できる。
- ・特定の技術・製品分野についての高度で専門的な知識、開発経験を基に、開発する当該分野の専門家から技術上の知識を獲得して、組込みシステム開発の各工程※に反映できる。
- ・組込みシステム開発を行う上で効果的な開発環境の構築と改善ができる。」

　　（参考：IPA試験区分一覧　エンベデッドシステムスペシャリスト試験（ES）

　　　　　　https://www.jitec.ipa.go.jp/1_11seido/es.html）

> **注釈**
>
> ※**エンベデッドシステム**：(embedded system) 産業機器や家電製品などに内蔵される、特定の機能を実現するためのコンピュータシステム。これを制御するためのOSは「組み込みOS」という。（出典：IT用語辞典　e-Words）
>
> ※**組込みシステム開発の各工程**：組込みシステムは特定の機能を実現するためのコンピュータシステムであり製造工程において、ソフトウェアは産業機器や家電製品などのハードウェアと密接な関係にある。ソフトウェアの開発側からみると、情報システム開発に比べて次のような違いがあるのではないだろうか。
>
> - ・当初の仕様通りにソフトウェアを製作してもハードウェアと組み合わせて動作確認した結果、処理タイミングのずれが起きるなどし、仕様変更が発生しやすい。
> - ・ソフトウェアを、早めにハードウェアと組み合わせるため、短縮された製造工程になることが多い。その分、ハードウェアとソフトウェアを組み合わせたシステムの動作試験にかなりの作業時間を費やすことになる。
> - ・情報システム開発のウォータフォールモデルのように、全てのソフトウェア要件を満たしたものを一度に製作してハードウェアと組み合わせて試験を行うのではなく、ソフトウェアの機能をいくつかに分けて製作し、それぞれを追加しながらハードウェアと順々に組み合わせて試験を行い、都度品質を確認する。情報システム開発のようにすると一度にハードウェアと組み合わせて試験を行うと試験パターンが多すぎて、現実的ではない。使い勝手を重要視するため、ハードウェアの動作タイミングが無限といっても過言でない組み合わせ試験パターンが存在することもある。

61

第3章　ITの職種

（11）ITサービスマネージャ試験

「IT技術者として確立した専門分野を持ち、情報システム全体について、安定稼働を確保し、障害発生時においては被害の最小化を図るとともに、継続的な改善、品質管理など、安全性と信頼性の高いサービスの提供を行う者が対象で、以下の知識、能力を要求している。

- ・ITサービスマネージャの業務と役割を円滑に遂行するため、サービスサポート※、サービスデリバリ※の各プロセスの目的と内容を理解し、実施することによって、ITサービスを提供できる。
- ・システムの運行管理、障害時運用方式、性能管理、構成管理を実施することができる。システムの運用管理に必要な障害管理、構成管理、課金管理、パフォーマンス※管理などの管理技術を持ち、情報システム基盤の品質を維持できる。
- ・ITサービスの改善策を立案・実施し、評価するとともに、品質の高いサービスレポートを顧客に報告できる。
- ・実効性の高い情報セキュリティ対策を実施するために必要な知識・技術を持ち、情報セキュリティの運用・管理ができる。
- ・導入済みまたは導入予定のハードウェア、ソフトウェアについて、安定稼働を目的に、導入、セットアップ※、機能の維持・拡張、障害修復ができる。
- ・データセンタ施設の安全管理関連知識を持ち、ファシリティマネジメント※を遂行できる、といったことが要求される。」

（参考：IPA試験区分一覧　ITサービスマネージャ試験（SM）

https://www.jitec.ipa.go.jp/1_11seido/sm.html）

注釈

※**サービスサポート**：インシデント管理、問題管理、変更管理、リリース管理、構成管理など、ITサービスを日々運用する上での管理手法。

※**サービスデリバリ**：サービスレベル管理、可用性管理、キャパシティ管理、ITサービス財務管理、ITサービス継続性管理など、中長期的なITサービスを運用するための計画と改善の管理手法。

※**パフォーマンス**：性能、能力、実績、業績、成果、成績、実行、遂行、演技、演奏、公演、行動などの意味を持つ英単語。一般の外来語としては「人目を集めるための派手な行動」といった意味で用いられることが多いが、ITの分野ではシステムや通信回線などの性能、とりわけ通信速度や処理速度などのことを意味することがほとんどである。（出典：IT用語辞典　e-Words）

※**セットアップ**：アプリケーションソフトをコンピュータに導入する作業のこと。

（出典：IT用語辞典　e-Words）

※**ファシリティマネジメント**：(facility management) 企業などが業務に用いる不動産(土地・建物)や設備を、より少ないコストでより有効に活用するための管理手法。管理・修繕を中心とする従来のいわゆる施設管理を含むより包括的な概念で、経営的な視

第 3 章　ITの職種

点から施設・設備の全体最適を追求する継続的な業務の総体を意味する。必要な施
設・設備の構想や選定、調達方法(購入・建設か、賃貸・レンタル・リースか)の選
択、維持・運用、より適した形への変革(移転や統廃合、新設など)などの業務や事
業が含まれる。(出典：IT用語辞典 e-Words)

(12) システム監査技術者試験

「IT技術者として確立した専門分野を持ち、被監査対象から独立した立場で、情報シ
ステムや組込みシステムに関するリスクおよびコントロールを総合的に点検、評価し、
監査結果をトップマネジメント※などに報告し、改善を勧告する者が対象で、以下の
知識、能力を要求している。

- ・情報システムや組込みシステムが適切かつ健全に活用され、ITガバナンス※の向
 上やコンプライアンス※の確保に貢献できるように改善を促進するため、情報シ
 ステムや組込みシステムおよびそれらの企画・開発・運用・保守に関する幅広く
 深い知識を持ち、その目的や機能の実現に関するリスク※とコントロールに関す
 る専門知識を持つ。
- ・情報システムや組込みシステムが適用される業務プロセスや、企業戦略上のリス
 クを評価し、それに対するコントロールの問題点を洗い出し、問題点を分析・評
 価するための判断基準を自ら形成できる。
- ・ITガバナンスの向上やコンプライアンスの確保に寄与するために、ビジネス要件
 や経営方針、情報セキュリティ・個人情報保護・内部統制※などに関する関連法
 令・ガイドライン※・契約・内部規定などに合致した監査計画を立案し、それに
 基づいて監査業務を適切に管理できる。
- ・情報システムや組込みシステムの企画・開発・運用段階において、有効かつ効率
 的な監査手続を実施するための監査技法を適時かつ的確に適用できる。
- ・監査結果を事実に基づく論理的な報告書にまとめ、有益で説得力のある改善勧告
 を行い、フォローアップを行うことができる。」
　(参考：IPA試験区分一覧 システム監査技術者試験 (AU)
　　　　　https://www.jitec.ipa.go.jp/1_11seido/au.html)

注釈

　※**トップマネジメント**：(会社などの) 最高幹部 (による経営)
　　(出典：『新明解国語辞典 第七版』三省堂)
　※**ITガバナンス**：企業などが自社の情報システムの導入や運用を組織的に管理する仕
　　組み。今や日々の企業活動の根幹に組み込まれたITシステムを「システム部門任せ」
　　にせず、経営的な視点からその投資や運営、リスク管理などに全社的課題として取
　　り組む姿勢を表した用語である。企業の内部統制の一環として、また、株主や顧客
　　など外部の利害関係者への説明責任から、ITガバナンスの整備の必要性が叫ばれて

第3章　ITの職種

いる。（出典：IT用語辞典 e-Words）

※**コンプライアンス**：法令遵守。特に、企業が社会規範に反することなく、業務遂行
　すること。（出典：『新明解国語辞典 第七版』三省堂）

※**リスク**：現時点では、問題となっていないが、不確定要素で、そのままにしておく
　と脅威になる。うまく乗り切れば好機にもなる。

※**内部統制**：企業などの組織体が、目的に合う形で業務を行ったり、企業倫理に反す
　ることが行われないようにしたりするために管理・運営に加える統制。
　（出典：『新明解国語辞典 第七版』三省堂）

※**ガイドライン**：政府の打ち出す防衛政策・経済政策などについての基本方針。
　（出典：『新明解国語辞典 第七版』三省堂）

64

第3章　ITの職種

3.2　IT人材に求められる職種

　IPAでは、IT人材育成資料の「ITスキル標準V3 2008のキャリアフレームワーク」に、IT人材に求められる職種を以下の通り区分している。

図表3.2-1.　ITスキル標準V3 2008のキャリアフレームワーク

職種	専門分野	レベル7	レベル6	レベル5	レベル4	レベル3	レベル2	レベル1
エデュケーション	インストラクション							
	研修企画							
ITサービスマネジメント	サービスデスク							
	オペレーション							
	システム管理							
	運用管理							
カスタマーサービス	ファシリティマネジメント							
	ソフトウェア							
	ハードウェア							
ソフトウェアデベロップメント	応用ソフト							
	ミドルソフト							
	基本ソフト							
アプリケーションスペシャリスト	業務パッケージ							
	業務システム							
ITスペシャリスト	セキュリティ							
	システム管理							
	アプリケーション共通基盤							
	データベース							
	ネットワーク							
	プラットフォーム							
プロジェクトマネジメント	ソフトウェア製品開発							
	ネットワークサービス							
	ITアウトソーシング							
	システム開発							
ITアーキテクト	インフラストラクチャアーキテクチャ							
	インテグレーションアーキテクチャ							
	アプリケーションアーキテクチャ							
コンサルタント	ビジネスコンサルティング							
	ITコンサル							
セールス	メディア利用型セールス							
	訪問型製品セールス							
	訪問型コンサルティングセールス							
マーケティング	マーケットコミュニケーション							
	販売チャネル戦略							
	マーケティングマネジメント							

（出典：IPA「ITスキル標準V3 2008のキャリアフレームワーク」https://www.ipa.go.jp/jinzai/itss/itss13.html）

第3章　ITの職種

■■■　図表3.2-2.　キャリアフレームワークの主な専門分野　■■■

職種	主な専門分野
マーケティング	市場の動向を予測かつ分析し、事業戦略、販売戦略、実行計画、資金計画および販売チャネル戦略策定
セールス	顧客への課題解決策の提案
コンサルタント	顧客への経営戦略やビジネス戦略およびIT戦略策定へのカウンセリング、提言、助言
ITアーキテクト	ＩＴアーキテクチャ設計
プロジェクトマネジメント	プロジェクトの管理、統制
ITスペシャリスト	顧客の環境に最適なシステム基盤の設計、構築、導入
アプリケーションスペシャリスト	アプリケーションの設計、開発、構築、導入、テストおよび保守
ソフトウェアデベロップメント	ソフトウェアの設計、構築、導入
カスタマサービス	顧客の環境に最適なシステム基盤に合致したハードウェア、ソフトウェアの導入、カスタマイズ、保守（遠隔保守含む）、修理
ITサービスマネジメント	システム基盤管理も含めた運用管理
エデュケーション	研修カリキュラムや研修コースのニーズの分析、設計、開発、運営、評価

第3章　ITの職種

（1）マーケティング※

「顧客ニーズに対応するために、企業、事業、製品およびサービスの市場の動向を予測かつ分析し、事業戦略、販売戦略、実行計画、資金計画および販売チャネル戦略などビジネス戦略の企画および立案を実施する。市場分析などを通じて立案したビジネス戦略の投資効果、新規性、顧客満足度に責任を持つ職種で以下の専門分野がある。

① マーケティングマネジメント

市場を洞察※し、顧客ニーズと自社製品およびサービスを結びつけるための戦略、目標と実行計画を策定する。また、計画の進捗を管理するとともに市場や顧客ニーズの変化に沿って戦略並びに実行計画の見直しを行う。

② 販売チャネル戦略

製品またはソリューション※の最適な販売チャネルの確立のための戦略を立案する、また、販売チャネルに対するガイダンスを実施するとともに目標を設定し成果を遂げるための施策を実施する。

③ マーケットコミュニケーション

自社の知名度を高め、また提供する製品またはソリューションの需要を喚起するためのプロモーション※戦略を立案し実行する。」

（参考：IPA ITスキル標準V3 2011_20120326
　　　　職種の概要と達成度指標（1）マーケティング　マーケティングの概要
　　　　（MK-3ページ））

マーケティングマネジメントは「誰をターゲットにするか。何をいくらで売るかマネジメントする。」、販売チャネル戦略は「どこで売るか、場所や流通手段を考え、実施する。」、マーケットコミュニケーションは、「どのように宣伝するかを考え、実行する。」と、考えるとよいであろう。

注釈

※**マーケティング**：経営戦略によって、会社が経営資源を投入する分野が決定された後、具体的に商品をつくって販売する。このときに、より商品を売るために行われる全ての活動。売るために努力すること。

※**洞察**：普通の人が見抜けない点までを、直観やすぐれた観察力で見抜くこと。
　（出典：『新明解国語辞典 第七版』三省堂）

67

> ※ソリューション：解答、解決策、解決、解法、溶解、溶液などの意味を持つ英単語。IT業界では、顧客の抱える問題・課題を解決したり、要望・要求を満たすことができる製品やサービス、およびその組み合わせのことをソリューションということが多い。（出典：IT用語辞典 e-Words）
> ※プロモーション：販売促進政策。

（2）セールス

「顧客における経営方針を確認し、その実現のための課題解決策の提案、ビジネスプロセス改善支援およびソリューション、製品、サービスの提案を実施し成約する。顧客との良好なリレーションを確立し顧客満足度を高める職種で以下の専門分野がある。

① 訪問型コンサルティングセールス

特定顧客に対して良好なリレーションを開拓、維持、向上し、継続的に販売活動を行う。

② 訪問型製品セールス

特定の製品、サービス、あるいはソリューションに精通し、幅広く顧客に対してその販売活動を行う。

③ メディア利用型セールス

各種のメディアを利用して不特定多数の顧客へアプローチし、主に製品を中心とした販売活動を行う。」

（参考：IPA ITスキル標準V3 2011_20120326
　　職種の概要と達成度指標 (2) セールス セールスの概要 (Sales-3ページ)）

訪問型コンサルティングセールスは、「特定顧客を訪問して、ソリューションを提案する。」、訪問型製品セールスは、「不特定の顧客を訪問して、販売する。」、メディア利用型セールスは、「ダイレクトメール、テレビなどの通信販売、近年ではWEBで販売する。」と、考えるとよいであろう。

（3）コンサルタント※

「知的資産、コンサルティングメソドロジ※を活用し、顧客の経営戦略やビジネス戦略およびIT戦略策定へのカウンセリング※、提言※、助言※の実施を通じて、顧客のビジネス戦略やビジョン※の実現、課題解決に貢献し、IT投資の経営判断を支援する。提言がもたらす価値や効果、顧客満足度、実現可能性などに責任を持つ職種で以下の

第3章　ITの職種

専門分野がある。

① インダストリ

　　各インダストリ（例えば産業・金融・公共）における、競争・サービスの差別化の源泉となる専門知識を活用し解決策を提示する。

② ビジネスファンクション※

　　全てのインダストリに共通した業務（例えば会計・人事・設備管理・ITガバナンス）における、競争・サービスの差別化の源泉となる専門知識を活用し解決策を提示する。」

（参考：IPA ITスキル標準V3 2011_20120326
　　　　職種の概要と達成度指標（3）コンサルタント　コンサルタントの概要
　　　　（CONS-3ページ））

インダストリは、「各企業独自の業務に対して、解決策を提示する。」、ビジネスファンクションは、「各企業共通にあるであろう業務に対して、解決策を提示する。」と、考えるとよいであろう。

注釈

※**コンサルタント**：その分野について相談相手になる専門家。
　（出典：『新明解国語辞典　第七版』三省堂）
※**メソドロジ**：手法。方法論。
※**カウンセリング**：学校生活・社会生活の中で悩みを持つ人に対し、それを解決するための助言を与えること。（出典：『新明解国語辞典　第七版』三省堂）
※**提言**：自分の考え・意見を会議などに出して賛成を求めること。
　（出典：『新明解国語辞典　第七版』三省堂）
※**助言**：わきから助けになるようなことを言ってやること。
　（出典：『新明解国語辞典　第七版』三省堂）
※**ビジョン**：未来像。
※**ビジネスファンクション**：機能、効用、役割、職務、関数、写像などの意味を持つ英単語。ITの分野では、ソフトウェアやプログラム、装置や部品、システムなどが持つ機能や効能のことをファンクションと呼ぶことがある。
　（出典：IT用語辞典　e-Words）

（4）ITアーキテクト

　「ビジネスおよびIT上の課題を分析し、ソリューションを構成する情報システム化要

69

件として再構成する。ハードウェア、ソフトウェア関連技術（アプリケーション関連技術、メソドロジ）を活用し、顧客のビジネス戦略を実現するために情報システム全体の品質（整合性※、一貫性※など）を保ったITアーキテクチャを設計する。設計したアーキテクチャが課題に対するソリューションを構成することを確認するとともに、後続の開発、導入が可能であることを確認する。また、ソリューションを構成するために情報システムが満たすべき基準を明らかにする。さらに実現性に対する技術リスクについて事前に影響を評価する職種で以下の専門分野がある。

① アプリケーションアーキテクチャ

ビジネスおよびIT上の課題を分析し、機能要件として再構成する。機能属性、仕様を明らかにし、アプリケーションアーキテクチャ（アプリケーションコンポーネント構造、論理データ構造など）を設計する。設計したアーキテクチャがビジネスおよびIT上の課題に対するソリューションを構成することを確認するとともに、後続の開発、導入が可能であることを確認する。

② インテグレーション※アーキテクチャ

全体最適の観点から異種あるいは複数の情報システム間の統合および連携要求を分析し、統合および連携要件として再構成する。統合および連携仕様を明らかにし、インテグレーションアーキテクチャ（フレームワーク構造およびインタオペラビリティ※）を設計する。設計したアーキテクチャが統合および連携要求を満たすことを確認するとともに、後続の開発、導入が可能であることを確認する。

③ インフラストラクチャアーキテクチャ

ビジネスおよびIT上の課題を分析し、システム基盤要件として再構成する。システム属性、仕様を明らかにし、インフラストラクチャアーキテクチャ（システムマネジメント、セキュリティ、ネットワーク、プラットフォームなど）を設計する。設計したアーキテクチャがビジネスおよびIT上の課題に対するソリューションを構成することを確認するとともに、後続の開発、導入が可能であることを確認する。」

（参考：IPA ITスキル標準V3 2011_20120326

　　　　職種の概要と達成度指標（4）ITアーキテクト　ITアーキテクトの概要
　　　　（ITA-3ページ））

アプリケーションアーキテクチャは、「機能的な見地で、システム方式(システムの案件をハードウェア、ソフトウェア、それ以外(手作業、他のシステム利用など))に割り

当てる設計を行う。」、インテグレーションアーキテクチャは、「異なるシステム同士、あるいは同じシステム内のアプリケーション(上位)とインフラ(下位)の間が機能するように設計する。」、インフラストラクチャアーキテクチャは、「ネットワーク、プラットフォームなどのインフラ(下位)あるいは、システムマネジメント、セキュリティなどのアプリケーション(上位)～インフラ(下位)に共通の設計をする。」と、考えるとよいであろう。

注釈

※**整合性**：不揃いな点がなくきちんとあっていること。
　　(出典：『新明解国語辞典 第七版』三省堂)
※**一貫性**：初めから終わりまで、一つのしかた・考え方を曲げないで通すこと。
　　(出典：『新明解国語辞典 第七版』三省堂)
※**インテグレーション**：(integration) 統合、統一、融合、一体化、集積などの意味を持つ英単語。複数の異なる要素を組み合わせ、一体として機能するようにすること。例えば、コンピュータやソフトウェア、ネットワークなどを組み合わせて一体化し、目的を達成するための情報システムを構築することをシステムインテグレーション(SI：System Integration) という。(出典：IT用語辞典 e-Words)
※**インタオペラビリティ**：(相互運用性) 複数の異なるものを接続したり組み合わせて使用したときに、きちんと全体として正しく動作すること。
　　(出典：IT用語辞典 e-Words)

---

(5) プロジェクトマネジメント

「プロジェクトマネジメント関連技術、ビジネスマネジメント技術を活用し、プロジェクトの提案、立上げ、計画、実行、監視コントロール、終結を実施し、計画された納入物、サービスと、その要求品質、コスト、納期に責任を持つ職種で以下の専門分野がある。

① システム開発

ITシステムの提案、開発、保守に関わるプロジェクトマネジメントを行う(ITシステムとして要求される機能を実現するためのソフトウェアを開発し、コンピュータおよびネットワーク環境を構築する。インターネットテクノロジを使用したものを含む)。

② ITアウトソーシング

顧客の経営戦略を受けて、外部組織としてITシステムの企画、構築、保守、システム運用、サポート運用、業務運用に関わるプロジェクトマネジメントを行う。

第3章　ITの職種

③ ネットワークサービス

　　データ(LAN/WAN)、画像、映像などの通信環境の設計、導入および管理に関わるプロジェクトマネジメントを行う。

④ ソフトウェア製品開発

　　不特定多数のユーザーを対象としたソフトウェア製品の企画、設計、開発、改良および保守に関わるプロジェクトマネジメントを行う。」

（参考：IPA ITスキル標準V3 2011_20120326
　　　　職種の概要と達成度指標 (5) プロジェクトマネジメント　プロジェクトマネジメントの概要（PM-3ページ））

（6）ITスペシャリスト

「ハードウェア、ソフトウェア関連の専門技術を活用し、顧客の環境に最適なシステム基盤の設計、構築、導入を実施する。

　構築したシステム基盤の非機能要件（性能、回復※性、可用性※など）に責任を持つ職種で以下の専門分野がある。

① プラットフォーム

　　ソリューションの基盤となるシステムプラットフォームの設計、構築および導入を行う。

　　ここでのプラットフォームとは、ハードウェア、オペレーティングシステムや関連するシステムソフトウェアおよびミドルウェアであり、システム開発、アプリケーション開発の前提となる基盤システムである。

② ネットワーク

　　ネットワークの構成要素、ネットワーク網、キャパシティ、障害回避手段などの設計、構築および導入を行う。

③ データベース

　　データベースの論理設計※、物理設計※、回復管理※などの設計、構築および導入を行う。

④ アプリケーション共通基盤

　　システムにあったソフトウェアアーキテクチャやフレームワーク、および、共通ライブラリの設計、実装※を行う。また導入したライブラリの管理、ソフトウェアの品質管理、開発環境の決定、アプリケーションの開発ツールの

第3章　ITの職種

作成、導入を行う。

⑤ システム管理

ハードウェア、ソフトウェア、アプリケーションを含めたシステム運用、管理の設計、構築および導入を行う。

⑥ セキュリティ

企業内、企業間で必要とされるセキュリティ機能、セキュリティのためのコンポーネント※などの設計、構築および導入を行う。」

(参考：IPA ITスキル標準V3 2011_20120326
　　　　職種の概要と達成度指標（6）ITスペシャリスト ITスペシャリストの概要（ITS-3ページ））

注釈

※**回復**：元通りの、よかった状態に戻ること。
　（出典：『新明解国語辞典 第七版』三省堂）
※**可用性**：必要なときに情報資産にアクセスできる性質。
※**論理設計**：データベースモデルの論理的な構造として表、索引、アプリケーションからみたデータ構造を作成する。ここでは、まだデータの配置場所、アクセス方法、データベースの容量見積りは意識せず、アプリケーションや対話環境でのアクセスとする。
※**物理設計**：コンピュータへの実装を行う工程で、データの配置場所、アクセス方法、データベースの容量見積りを行い、論理設計で作ったデータ構造からデータベース上の表にする。
※**回復管理**：プログラム異常やハード故障などが発生してもデータベースの各値を矛盾なく正常な状態に復元できるように管理すること。
※**実装**：ハードウェアやソフトウェアに新しい機能や仕様、部品などを組み込むこと。また、実際にその機能を組み込む際の手法も意味する。
　（出典：IT用語辞典 e-Words）
※**コンポーネント**：部品、成分、構成要素などの意味を持つ英単語。ITの分野では機器やソフトウェア、システムの構成する部品や要素などのことを意味する。
　（出典：IT用語辞典 e-Words）

73

第3章 ITの職種

（7）アプリケーションスペシャリスト

「業種固有業務や汎用業務において、アプリケーション開発やパッケージ※導入に関する専門技術を活用し、業務上の課題解決に係わるアプリケーションの設計、開発、構築、導入、テストおよび保守を実施する。構築したアプリケーションの品質（機能性、回復性、利便性など）に責任を持つ職種で以下の専門分野がある。

① **業務システム**

業務に関するユーザーの要望を分析し、業務システムの設計、開発、運用、保守を行う。

② **業務パッケージ**

適用業務パッケージの機能とそのポータビリティー※を十分に理解した上で、業務に関するユーザーの要望を把握し、パッケージのカスタマイズ、機能追加、導入および保守を行う。」

（参考：IPA ITスキル標準V3 2011_20120326
職種の概要と達成度指標（7）アプリケーションスペシャリスト アプリケーションスペシャリストの概要（APS-3ページ））

注釈

※**パッケージ**：荷物、小包、筐体、一括などの意味を持つ英単語。ITの分野では、関連する様々な要素を一つにまとめたもの、市販・出来合いの製品などの意味で使われる。"pkg"という略号が用いられることもある。ソフトウェアの分野では、「市販されている出来合いの製品」または「オンライン配信ではなく店頭で販売している製品」をパッケージソフトまたは単にパッケージと呼ぶことがある。
　（出典：IT用語辞典 e-Words）

※**ポータビリティー**：（portability）可搬性 / 移植性。「移動しやすさ」という意味の英単語で、ハードウェアの分野では「機器の持ち運びのし易さ」を、ソフトウェアの分野では「異なる環境への移植のし易さ」を意味する。
ハードウェアの分野で用いられる場合には単純な意味で、ノートパソコンやPDAが持ち運ぶのにどれだけ便利かを示している。具体的には、大きさや重量、強度、バッテリーの持続時間などによって判断される。
ソフトウェアの分野で用いられる場合はこれとまったく違った意味になり、あるプログラムを他のOSやコンピュータの上で動かそうと思ったときに、どのくらい簡単にプログラムを改造できるかを示している。
　（出典：IT用語辞典 e-Words）

第3章　ITの職種

（8）ソフトウェアデベロップメント[※]

「ソフトウェアエンジニアリング技術を活用し、マーケティング戦略に基づく、市場に受け入れられるソフトウェア製品の企画、仕様決定、設計、開発を実施する。

　上位レベルにおいては、ソフトウェア製品に関連したビジネス戦略の立案やコンサルテーションを実施する。開発したソフトウェア製品の機能性、信頼性などに責任を持つ職種で以下の専門分野がある。

①　基本ソフト

　OS、言語、ネットワークなど、ハードウェアの特性を活かした基本的な機能を提供し、コンピュータシステム全体を管理する基本ソフトウェアに関する設計、開発、カスタマイズ[※]および技術支援を行う。

②　ミドルソフト

　データベース管理、トランザクション[※]処理機能、分散オブジェクト環境などの機能を提供するプラットフォーム非依存なソフトウェアに関する設計、開発、カスタマイズおよび技術支援を行う。

③　応用ソフト

　業務パッケージ（ERP[※]、CRM[※]などを含む）、オフィススイート[※]など、特定の目的または領域で、情報システムを利用した業務改革、ビジネスプロセス[※]改善および作業の効率化などを支援するソフトウェアに関する設計、開発および技術支援を行う。」

（参考：IPA ITスキル標準V3 2011_20120326
　　　　職種の概要と達成度指標（8）ソフトウェアデベロップメント　ソフトウェアデベロップメントの概要（SWD-3ページ））

注釈

[※]**デベロップメント**：（development）開発。新しいものを生み出すこと。また、対象に働きかけて発展・向上させたり、人間の役に立つ形に変えたりすること。ITの分野では基本的に前者の意味で用いられるが、IT以外の分野では後者の意味（「資源開発」「都市開発」「能力開発」「開発途上国」など）で用いられることが多い。
　（出典：IT用語辞典　e-Words）
[※]**カスタマイズ**：各使用者の好み・目的に応じて仕様変更すること。
　（出典：『新明解国語辞典　第七版』三省堂）
[※]**トランザクション**：（transaction）商取引、売買、執行、取扱、議事録などの意味を持つ英単語。ソフトウェアの処理方式の一つで、互いに関連・依存する複数の処理をまとめ、一体不可分の処理単位として扱うことをトランザクション処理と呼び、そのような処理単位をトランザクションという。データベースシステムや業務用ソ

75

第3章　ITの職種

フトウェアなどでよく用いられる概念で、金融機関のコンピュータシステムにおける入出金処理のように、一連の作業を全体として一つの処理として管理するために用いる。(出典：IT用語辞典 e-Words)

※**ERP**：(Enterprise Resource Planning) 企業の持つ様々な資源(人材、資金、設備、資材、情報など)を統合的に管理・配分し、業務の効率化や経営の全体最適を目指す手法。また、そのために導入・利用される統合型(業務横断型)業務ソフトウェアパッケージ(ERPパッケージ)のこと。(出典：IT用語辞典 e-Words)

※**CRM**：(Customer Relationship Management) 主に情報システムを用いて顧客の属性や接触履歴を記録・管理し、それぞれの顧客に応じたきめ細かい対応を行うことで長期的な良好な関係を築き、顧客満足度を向上させる取り組み。また、そのために利用される情報システム(CRMシステム)。(出典：IT用語辞典 e-Words)

※**オフィススイート**：オフィスソフト。ワープロソフトや表計算ソフト、データベースソフト、プレゼンテーションソフトなど、ビジネスで利用されるアプリケーションソフトを1つにまとめたパッケージ製品のこと。それぞれ単体の製品を揃えるよりも安価に入手することができ、また、アプリケーションソフト間のデータの連携が容易、操作性が統一されているなどの利点がある。代表的なものにはMicrosoft社のMicrosoft Office、ジャストシステムの一太郎Office、Lotus Development社のSuper Officeなどがある。(出典：IT用語辞典 e-Words)

※**ビジネスプロセス**：企業の全社的な業務の流れ。(出典：IT用語辞典 e-Words)

（9）**カスタマサービス**

「ハードウェア、ソフトウェアに関連する専門技術を活用し、顧客の環境に最適なシステム基盤に合致したハードウェア、ソフトウェアの導入、カスタマイズ、保守（遠隔保守含む）、修理を実施するとともに、顧客のシステム基盤管理およびサポートを実施する。またIT施設インフラの設計、構築、導入および管理、運営を実施する。

導入したハードウェア、ソフトウェアの品質（使用性、保守容易性など）に責任を持つ職種で以下の専門分野がある。

① ハードウェア

導入済あるいは導入予定のコンピュータ、関連機器、ネットワーク製品(以下、ハードウェアと称す) について、単体から外部および内部のシステム全体に対して安定稼働を目的に、導入、据付、構成管理、正常な機能維持、機能拡張、障害修復を速やかに行うと共に、操作指導や顧客への改善提案などを行う。また、上位レベルとして顧客のシステムプラットフォーム※全般について、品質管理や問題解決の統制（トラブルの未然防止、リスク回避、早期復旧など）、顧客基盤システムの管理・サポートなどのマネジメントを行う。

76

第3章　ITの職種

② ソフトウェア

　　導入済あるいは導入予定のコンピュータプログラムおよびソフトウェア製品、ネットワーク(以下、ソフトウェアと称す) について、外部および内部のシステム全体に対して安定稼働を目的に、導入・配信、セットアップ、正常な機能維持、機能拡張、構成変更、障害修復および操作指導などを行うと共に顧客への改善提案などを行う。また、上位レベルとして顧客のソフトウェア全般について、品質管理や問題解決の統制※（トラブルの未然防止、リスク回避、早期復旧など)、顧客基盤システムの管理・サポートなどのマネジメントを行う。

③ ファシリティ※マネジメント

　　ITに関わる全ての施設インフラ（電源・空調などを含む）の総合的な施設管理であり、その活動は商談企画、工事設計・構築、検査・竣工、保守・運用までを管理、実施し、その品質に責任を持つ。」

（参考：IPA ITスキル標準V3 2011_20120326
　　　　職種の概要と達成度指標（9）カスタマサービス カスタマサービスの概要（CS-3ページ））

注釈

※**プラットフォーム**：（platform）あるソフトウェアやハードウェアを動作させるために必要な、基盤となるハードウェアやOS、ミドルウェアなどのこと。また、それらの組み合わせや設定、環境などの総体を指すこともある。
（出典：IT用語辞典 e-Words）
※**統制**：てんでんばらばらになりがちなものを、一つにとりまとめること。
（出典：『新明解国語辞典 第七版』三省堂）
※**ファシリティ**：（facility）施設、設備、便宜、融通、便利さ、などの意味を持つ英単語。カタカナ語としては施設、設備、建物などを意味することが多い。
（出典：IT用語辞典 e-Words）

（10）ITサービスマネジメント

　「システム運用関連技術を活用し、サービスレベルの設計を行い顧客と合意されたサービスレベルアグリーメント（SLA）に基づき、システム運用リスク管理の側面からシステム全体の安定稼動に責任を持つ。システム全体の安定稼動を目指し、安全性、信頼性※、効率性を追及する。またサービスレベルの維持、向上を図るためにシステム稼動情報の収集と分析を実施し、システム基盤管理も含めた運用管理を行う職種で次の専門分野がある。

① 運用管理

ITサービスマネジメントの全般に関わり、リスクに対する予防処置を施し、サービスを安定提供するための各プロセスを実施することを担う。また、その実施に関わる関係者を指揮し、サービスレベル管理をはじめとするサービス提供の責任を担う。上位レベルの技術者は運用管理の責任者として、顧客に対してITサービスマネジメントの統括責任を負う。

また、運用ガイドラインの策定、およびその遵守の徹底を図る。

② システム管理

共通運用基盤と位置付けられる部分について、IT基盤の設計・構築・維持管理を担う。

(IT基盤とは、ネットワーク／LAN、運用管理ツール、メインフレームおよびサーバのハード／OS／ミドルウェア、アプライアンス※製品)

また、IT基盤に関するシステム受入れ基準を策定する。

③ オペレーション

ITシステムを安定稼動させるため、定められた手順に沿って、ITシステムの監視・操作・状況連絡を実施する。実施内容は全て記録・保管する。

③ サービスデスク

対象となるITサービスのユーザーからの問い合わせ・申請などに対して窓口機能を担う。対応内容については全て記録・保管する。」

(参考：IPA ITスキル標準V3 2011_20120326
職種の概要と達成度指標 (10) ITサービスマネジメント ITサービスマネジメントの概要 (ITSM-3ページ))

注釈

※**信頼性**：(reliability) 一定の条件下で安定して期待された役割を果たすことができる能力。狭義には、システムなどの障害や不具合の発生しにくさ。この意味では、平均故障間隔(MTBF：Mean Time Between Failures)をその指標とすることが多い。
(出典：IT用語辞典 e-Words)

※**アプライアンス**：(appliance) 特定の機能に特化したコンピュータのこと。家庭用ゲーム機や単機能サーバ、Web閲覧・メール送受信専用端末などがこれにあたる。
(出典：IT用語辞典 e-Words)

第3章　ITの職種

（11）エデュケーション

「担当分野の専門技術と研修に関連する専門技術を活用し、ユ゠ザ゠のスキル開発要件に合致した研修カリキュラム※や研修コース※のニーズ※の分析、設計、開発、運営、評価を実施する職種で以下の専門分野がある。

① 研修企画

ニーズに対応した研修の企画設計、カリキュラム、コース、教材作成および実施形態(集合研修、eラーニング※)を設計するとともに、カリキュラム開発のリード、研修の実績評価および管理を行う。

② インストラクション

個別の研修コースにおける開発およびインストラクション※を行うとともに、運営管理および実績評価を行う。」

（参考：IPA ITスキル標準V3 2011_20120326
　　　職種の概要と達成度指標 (11) エデュケーション　エデュケーションの概要（EDU-3ページ））

> **注釈**

※**カリキュラム**：教育課程。（出典：『新明解国語辞典 第七版』三省堂)

※**コース**：それに従って進んで行くことになっている、物事の決まった順序や道筋。（出典：『新明解国語辞典 第七版』三省堂)

※**ニーズ**：要望。何かをして欲しいと望むこと。（出典：『新明解国語辞典 第七版』三省堂)

※**eラーニング**：(e-learning) パソコンやコンピュータネットワークなどを利用して教育を行うこと。教室で学習を行う場合と比べて、遠隔地にも教育を提供できる点や、コンピュータならではの教材が利用できる点などが特徴。一方で、機材の操作方法など、実物に触れる体験が重要となるような学習はeラーニングには向かない。eラーニングは企業の社内研修で用いられているほか、英会話学校などがインターネットを通じて教育サービスを提供している例などがある。Webブラウザなどのインターネット・WWW技術を使うものを特に「WBT」(Web Based Training)とか「Webラーニング」などと呼ぶ。（出典：IT用語辞典 e-Words)

※**インストラクション**：(instruction) 命令、指示、指図、教育、指導、取扱説明書などの意味を持つ英単語。コンピュータの分野では、マイクロプロセッサ(MPU/CPU)などに与える機械語の命令のことをインストラクションという。実行可能な形式のコンピュータプログラムはインストラクションの組み合わせとして構成されている。（出典：IT用語辞典 e-Words)

なお、ここでは、「教育、指導」を指す。

79

第3章　ITの職種

3.3 マルチメディア系の職種と資格

　1990年代までの生産性改善を掲げた業務システム開発では、特にマルチメディア※リテラシーを考えながらシステム開発することはなかった。マルチメディアリテラシーとは、多くのメディア情報の中から個人にとって必要な情報を収集、分析し必要ならば加工し、または新たに情報を創造し、それらを正確に発信する能力である。「発信する」という言葉には、システムの中に組込み映像、画像などで表現することも含むものと考えたい。また、Web、CG、CD-ROM、VIDEOといったデジタルメディアのコンテンツ※制作では、パソコン上で、オーサリング※ソフトを使ってさまざまな画像や映像を作り出す。芸術的なセンスだけでなく、ユーザー要望を正確に捉えそれを表現する高度なコンピュータの操作能力が必要となる。したがって、IT技術とマルチメディア技術は切っても切り離せないものとなっている。

| 注釈 |

※**マルチメディア**：伝達効果を上げるために、デジタル化された文字データ・画像・音など、複数の手段を併用すること。（出典：『新明解国語辞典 第七版』三省堂）
※**コンテンツ**：中身。内容。コンピュータのネットワークで更新されたり、送信されたりする情報の内容。（出典：『新明解国語辞典 第七版』三省堂）
※**オーサリング**：文字や画像、音声、動画などの要素を組み合わせて一つのソフトウェアやコンテンツ作品を組み立てること。
異なる種類の素材データを組み合わせ、配置や出現順、利用者の操作に対する反応などを設定していく編集作業を意味するが、（従来は必須であった）プログラミング言語やマークアップ言語などによるコードの記述を極力廃し、マウス操作など直感的な方法で作業を進めるという含意がある。（出典：IT用語辞典 e-Words）

（1）マルチメディア系の職種
　マルチメディアを専門とした職種には、以下がある。

①　プロデューサー
　プランナーとも呼ばれることがある。コンテンツ制作のプロジェクト全体の責任者である。コンテンツ制作の規格、資金計画、コスト※管理、人材のキャスティングなどの責任者として関わる。また、コンテンツを販売する際のマーケティングやプロデュースなどもプロデューサーの作業である。

②　ディレクター
　ディレクターはプロデューサーの意図を十分に理解し、場合によっては企

80

画段階からも携わり、コンテンツ制作現場での責任者として作業を担当する立場である。シナリオライターにコンテンツシナリオのアウトライン※を指示する。クリエイターに対してもコンテンツのキャラクタ※、シーン※、カット割※、画面構成、効果※音などに対するさまざまな演出イメージをわかりやすく指示することが求められる。そのためには、コンテンツ制作に必要な設計技法や演出技法などのほか、制作スケジュール管理、コンテンツの品質管理、関連法規などの知識と能力が必要である。

③　シナリオライター

シナリオライターはディレクターの作成したシナリオのアウトラインに基づいてシナリオ作成を行う。プロデューサー、ディレクターが中心となって企画されたコンテンツの目的を十分理解し、利用対象者を意識したシナリオ作成が求められる。また、マルチメディアの特性を十分に活かしたストーリ展開やコミュニケーション手法などを盛り込んだシナリオ作成が求められる。

④　クリエイター

クリエイターはディレクターの指示のもと、キャラクタデザイン、アニメーション、画像、映像、音声などさまざまな素材を専門に作成、あるいは集めてそれらを組み合わせ、加工、編集などの実作業を行う専門家である。担当する仕事の内容によって、デザイナー（グラフィックデザイナー、ゲームデザイナーなど）、アーティスト※、イメージクリエイター、サウンドクリエイター、エディタ※など、さまざまな呼び方がされるスタッフの総称である。

⑤　テクニカルエンジニア

テクニカルエンジニアはコンテンツ制作におけるさまざまな場面での最新技術の利用や必要な技術開発などの技術面でのサポートを行うスタッフである。マルチメディアの分野に関する技術の進歩は著しく、目的とするコンテンツ制作には絶えず最新情報を把握し、新技術を習得していかなければならない。例えば、デジタルコンテンツ開発では複雑な表現を実現させるためスクリプト言語を用いてプログラミングすることや、インターネットによるコンテンツ提供ではデータの圧縮・伸張※技術、ストリーミング※配信技術や個人認証技術なども必要となる。仕事の内容によってはシステムエンジニア、プログラマーなどとも呼ばれている。これらの技術はツール（ソフトウェア）が多く出回っており、それらのツールを使いこなせる知識が重要性を増している。

第3章　ITの職種

> **注釈**
>
> ※**コスト**： 何かを製造するためにかかった費用。
> 　（出典：『新明解国語辞典　第七版』三省堂）
> ※**アウトライン**：事柄のだいたいの内容。（出典：『新明解国語辞典　第七版』三省堂）
> ※**キャラクタ**：性質。性格。演劇・小説・漫画・アニメなどの登場人物（の役柄）を
> 　指す。（出典：『新明解国語辞典　第七版』三省堂）
> 　ここでは、コンテンツの登場人物（の役柄）を指す。
> ※**シーン**：映画・演劇などの場面。（出典：『新明解国語辞典　第七版』三省堂）
> 　ここでは、コンテンツの場面を指す。
> ※**カット割**：ここではコンテンツの場面（シーン）を個々に分けること。カットの積
> 　み重ねで一つの場面が作成される。
> ※**効果**：演劇・映画・テレビなどで視聴覚に訴えて、臨場感を増すためのもの。
> 　（出典：『新明解国語辞典　第七版』三省堂）
> 　ここでは、コンテンツの臨場感を増すためのもの。
> ※**アーティスト**：芸術家。
> ※**エディタ**：編集者。
> ※**データの圧縮・伸張**：圧縮は、一定の手順にしたがって、データの意味を保ったま
> 　ま、容量を削減する処理のこと。逆に、圧縮されたデータを元のデータに復元する
> 　処理は「解凍」とか「展開」「伸張」「減圧」「抽出」などという。
> 　（出典：IT用語辞典　e-Words）
> ※**ストリーミング**：（streaming）インターネットなどのネットワークを通じて映像や
> 　音声などのマルチメディアデータを視聴する際に、データを受信しながら同時に再
> 　生を行う方式。従来、このようなコンテンツを閲覧するためには、すべてのデータ
> 　を受信するまで待たねばならなかったため、電話回線など、転送速度の低い回線で
> 　は閲覧することはできなかったが、ストリーミング方式のアプリケーションソフト
> 　を使うことにより、低速な回線でもマルチメディアデータのリアルタイム再生が可
> 　能となった。（出典：IT用語辞典　e-Words）

（2）コンテンツ制作の流れ

　マルチメディア系の職種について、図表3.3-1にコンテンツ制作の例を挙げて役割を
整理する。契約内容や受注側体制に依存することによって役割が異なる場合があるた
め、あくまでも一例である。なお、制作されたコンテンツの評価はどうすればよいの
であろう。発注者側の要件を満たすことは当然であるが、非機能要件※をどのように
評価するか、非常に難しい。人により、出来上がったコンテンツに対する感じ方（明
るい、暗い、賑やか、おとなしいなど）が異なるためである。最終的に発注者側の責
任者が出来上がったコンテンツの承認を行うわけであるが、それまでにできるだけ多
くの人に試写会などを通じて評価してもらうこと、あるいは暫定公開して意見を収集
し、改善後に正式公開するなどが必要と考えられる。

役割のその他の欄に、ナレーターとメンターを載せた。ナレーターはナレーションを担当する人であるが、放送局のアナウンサーに依頼することもある。声だけの出演であるが、コンテンツを利用する性別、年齢層などの対象（ターゲット）が異なる場合は、ナレーターを使い分けることは大切である。そして忘れてはならないのがメンターである。メンターは業務システムではコールセンター※要員のような役割に相当、あるいはそれ以上の関わりであり「よき指導者・助言者」を意味する。コンテンツを公開した際に利用者が使い方に困った場合など適切に教えてくれるものをいう。メンターの存在により、コンテンツの利用者への印象を良くすることができる。

また、作業に「支払請求」「支払」という営業担当や総務担当など(企業により担当部署は異なる。図表3.3-1では、「支払」作業発生のきっかけとなるであろうことから、プロデューサーやディレクターの担当としている)の行為を加えた。ITの職種に対して、ここに列挙することには違和感を持たれるかと思う。ただ、企業が成り立つためにはこの作業は必須である。良いコンテンツを制作しても、売上(金)が実際に企業に入らなければ、コンテンツ制作の作業が完了したことにはならないと考えるからである。

第3章　ITの職種

■■■　図表3.3-1.　コンテンツ制作の作業と役割の例　■■■

（凡例）◎：主担当　○：担当あるいは支援

作業＼役割	ユーザー（発注者）	コンテンツ制作者（受注者）					
		プロデューサー	ディレクター	シナリオライター	クリエイター	テクニカルエンジニア	その他
見積り依頼（要件提示）	◎						
見積り条件提示（提案）		◎	○				
発注者側承認	◎						
作業開始指示（注文書もしくは契約書）	◎						
作業受託（注文請書もしくは契約書）		◎					
シナリオ（案）作成		○	◎	○			
イメージ（案）作成		○	◎		○		
説明会（シナリオ（案）、イメージ（案）確定）	○	◎	○	○	○		
素材作成		○	○		◎	○	○（ナレーターなど）
編集		○	○	○	◎	○	○（ナレーターなど）
受注者側確認		○	◎	○	○		
受注者側承認		◎					
評価会（試写会など）	○	◎	○	○	○		
評価会結果反映		○	○	◎	◎		
公開承認	◎						
納品		◎	○				
公開	◎						
支払請求		◎	○				
支払	◎						
公開後の意見収集（改善へ）	◎	○	○				○（メンターなど）

第3章　ITの職種

> **注釈**　※**非機能要件**：情報システムやソフトウェアの開発に際して定義される要件のうち、機能面以外のもの全般。性能や信頼性、拡張性、運用性、セキュリティなどに関する要件が含まれる。（出典：IT用語辞典　e-Words）
> ※**コールセンター**：客からの受注や問い合わせに専門的に対応する部署・施設。（出典：『新明解国語辞典　第七版』三省堂）

（3）マルチメディア系の資格

　マルチメディアリテラシーの保有レベルを図るものとして、マルチメディア資格がある。公益財団法人画像情報教育振興協会（CG-ARTS協会）実施の検定を紹介する。それぞれの検定には、レベルに応じて専門知識の理解度を図るベーシックと専門知識の理解と応用を評価するエキスパートがある。

① CGクリエイター検定

　映画・アニメーション・ゲーム・CMなどのCG映像の制作において、一定条件（シナリオ・絵コンテ※・日程・予算など）のもとに、映像表現技術やCG理論の知識、CGソフトウェアを効果的に用いる能力が求められる。

⑥　CGエンジニア検定

　産業や学術分野のさまざまな領域において、一定の条件（開発目標・システム環境・予算・作業工程など）のもと、ソフトウェアや関連するハードウェア、システムの開発ができる能力が求められる。

③ Webデザイナー検定

　各種Webサイトのデザインにおいて、一定の条件（コンセプト・日程・予算など）のもとに、コンセプトメイキング・制作・テスト・評価・運用を行うための、知識や技術が求められる。

⑦　画像処理エンジニア検定

　産業や学術分野のさまざまな領域において、一定の条件（開発目標・システム環境・予算・作業工程・コストなど）のもと、ソフトウェアや関連するハードウェア、システムの開発ができる能力が求められる。

⑤ マルチメディア検定

　コンピュータや周辺機器、インターネット、デジタルコンテンツ、携帯電話、知的財産権※、マルチメディアの社会応用などに関する幅広い知識を測

85

第3章　ITの職種

る。

（各検定説明出典：公益財団法人画像情報教育振興協会（CG-ARTS協会※）

検定試験サイト　http://www.cgarts.or.jp/kentei/index.html）

注釈

※**絵コンテ**：映画撮影のための、画面の構成やカメラの位置などを詳細に記した台本。
（出典：『新明解国語辞典 第七版』三省堂）ここでは、映画撮影を含むコンテンツ
収録のためのもの。

※**知的財産権**：著作権・図案意匠やデザイン、特許・実用新案・商標など、知的活動
によって得られたものを保護する権利。工業所有権・著作権などがある。
（出典：『新明解国語辞典 第七版』三省堂）

※**CG-ARTS協会**：1985年に「CGカリキュラム研究会」がJCGLで始動し、1988年には
CG-ARTS協会の母体となる「画像情報生成処理技術者の育成に関する研究会」が全
国11大学の研究者とともに発足しました。

1990年にはキヤノンマーケティングジャパンをはじめ、IT関連企業などのサポート
を受けて財団法人設立準備が始まり、1991年に体系的なCG教育カリキュラムが完成
するとともに、CG-ARTS協会が創設されました。
（出典：CG-ARTS協会サイト「沿革」http://www.cgarts.or.jp/outline/history/index.html）

なお、JCGL （ジャパン・コンピュータ・グラフィックス・ラボ）は、日本で最
初の商業CGプロダクションである。

3.4 医療情報技師資格

　医療情報技師は「保健医療福祉専門職の一員として，医療の特質を踏まえ，最適な情報処理技術にもとづき，医療情報を安全かつ有効に活用・提供することができる知識・技術および資質を有する者」(出典:「日本医療情報学会　医療情報技師育成部会」Web) である。

■■■　図表3.4-1．医療情報技師に求められる知識・技能そして資質　■■■
Communication, Collaboration, Coordination (3C)

(出典:「日本医療情報学会　医療情報技師育成部会」Web)

　医療情報技師資格試験は、一般社団法人日本医療情報学会が資格付与する民間資格で、2003年に開始された。電子カルテ※、レセプト※などさまざまな医療情報を管理するシステムが医療現場で使用されており、医療情報とIT技術を兼ね備えた要員が医療現場に配置されることは必須となってきている。
　2017年秋期現在、以下の試験が実施されている。

① 医療情報基礎知識検定試験
　　医療情報を扱う人が誰でも共通に持っておくべき、以下の領域の基礎知識が問われ、受験資格は特にない。
　1) 医療制度と医療関連法規
　2) 病院業務と病院の運営管理
　3) 医療情報の特性と医療の情報倫理

第3章　ITの職種

4) コンピュータの基礎

5) 情報システムの基盤技術

6) 医療情報システムの構成と機能

7) 医療情報の標準化と活用

② 医療情報技師能力検定試験

　　試験は情報処理技術系・医学医療系・医療情報システム系の3科目が課せられ、受験資格は特にない。出題範囲は指定された教科書の範囲内と範囲外の場合は、医療情報技師として知っておくべき事柄など、常識の範囲内で出題されることがある。上級職の指示・指導の下に、日常的なシステム運用と企画構築に参画できる能力を持ち、また上級職の支援ができることなどが必要となる。このための基本的な情報処理技術および医学・医療に関する基本知識を有するレベルが要求される。

③ 上級医療情報技師能力検定試験

　　上級医療情報技師は「保健医療福祉分野でのシステム化にあたり、現状分析に基づく企画提案ができ、開発、導入、運用の各段階において、適切な手順を理解し、リーダーシップを発揮できる医療情報技師」（出典：日本医療情報学会医療情報技師育成部会）と定義されている。受験資格は、医療情報技師の資格を有すること、5年以上の医療情報システムの職務経験などである。筆記による一次試験と、論文と面接による二次試験で実施されている。

　　医療情報部門管理者を補佐し、医療情報システムに関する専門的観点から、システム運用と企画構築を担う。複雑な情報処理技術的な問題に自立して対処できること。そして保健医療福祉の質の向上と、組織機関の合理的経営の支援を担えるレベルを要求される。

　なお、医療情報系の資格認定試験は行われていないが、重要な職務として、医療情報部門管理者がある。医療情報部門の長として医療機関の経営に参画し、内外における保健医療福祉の情報化の組織的推進を総括的に担う。すなわち、医学・保健医療福祉、医療情報処理技術に関する広い経験と知識を背景として目標設定と戦略立案ができること、それに資する情報活用と必要な医療情報システムの企画構築および評価に、情報倫理に基づく総合的判断ができること、それにより組織機関の長と現場の双方に適切な提言と助言を行うことなどが必要と考えられる。これらの能力を背景に保健医療福祉の質の向上と、組織機関の合理的経営の組織的推進を担う人である。

第3章　ITの職種

注釈

※**電子カルテシステム**：病院で医師が記録する診療録（カルテ）を、コンピュータを用いて電子的に記録・保存するシステム。紙のカルテを利用する場合に比べ、保存や管理が容易で、院内の別の場所で必要なときネットワークを通じてすぐに呼び出すことができ、後から研究などに利用する際にも再利用性が高いといった利点がある。一方、入力の自由度や簡単さは紙の方が上であり、停電時には使えないといった弱点もある。セキュリティに留意してシステムを構築しないと、改ざんや大規模な盗難が紙よりも容易に実行できてしまう危険性もある。

（出典：IT用語辞典　e-Words）

※**レセプト**：診療報酬明細書

第3章　ITの職種

3.5 その他の民間資格、ベンダ資格

　民間資格の中で特にベンダで開発した製品についてそのユーザーが適切な操作技術や
管理技術を満たしていることを認証することを目的とした制度のことをベンダ資格とい
う。IT関係の民間資格であっても、特定のベンダの技術や製品に依存しない認定資格や、
インターネット技術者認定も存在する。以下に代表的な民間資格、ベンダ資格を紹介する。

① シスコ技術者認定

　　シスコ製品だけでなくネットワーク全体の専門知識を必要とするため、IT
企業から評価を得ている。認定取得モデルは「ルーティング＆スイッチング」、
「セキュリティ」、「ボイス」、「ワイヤレス」、「ストレージ」、「サービスプロ
バイダ」、「デザイン」の7分野ありそれぞれ「エントリーレベル」、「アソシ
エイト」、「プロフェショナル」、「エキスパート」の4レベルに分かれている。

② Linux※技術者認定(LPIC)

　　OS Linuxの標準的な知識とスキルを認定する国際標準資格。第三者機関で
ある特定非営利活動法人LPI（Linux Professional Institute：Linuxプロフェッ
ショナル協会）により世界共通の基準でスキルを証明されるため、国内を問
わず国際的にLinux技術者のスキルを評価する基準になっている。

③ Apple認定プロ

　　Apple製品に関する技術者を認定する制度である。モバイルOS※ である
iOSの資格試験も含まれている。

④ Android技術者認定試験

　　モバイルOSであるAndroidの開発技術者のスキルを認定する。「ベーシッ
ク」「プロフェッショナル」の2レベルで構成されている。

⑤ マイクロソフト認定資格

　　マイクロソフト製品の実務能力や幅広い知識を認定する世界共通資格で
ある。入門資格である「MTA」、ベーシック資格である「MCSA」、卓越した
IT知識とスキルを保有することを保証する「MCSE」、「MCSD」の資格体系
で構成される。

90

第3章　ITの職種

⑥ オラクル認定資格

　日本オラクルがオラクル製品に関する技術者を認定する制度。そのレベル
は世界で認められ、エンジニアの実力を証明するために欠かせない資格であ
る。データベース管理・運用についての資格は Bronze、Silver、Gold、Platinum
の4つのレベルで構成され国内外に技術力を保証する客観的な指標となる。

⑦ OMG※認定

　ベンダ製品に依存せず、陳腐化しないシステムやコンポーネントを設計し、
異質な実装環境間をつなぐ能力、つまりオブジェクト指向の標準を使いこな
す技術に関する認定制度である。

⑧ Ruby※技術者認定

　Rubyベースのシステムを設計、開発、運用するエンジニア、Rubyでシス
テム提案を行うコンサルタント、Rubyを教える講師などを対象とした認定
試験制度である。

⑨ XML※マスター

　XMLおよびXML関連技術についての技術力を測る技術者認定制度である。

⑩ ITコーディネータ

　経済産業省推進資格である。ITコーディネータは、経営とITの両面に精通
したプロフェッショナルで、経営者の立場に立って「IT経営」をサポートす
る。

⑪ PMP（プロジェクトマネジメント・プロフェッショナル）

　アメリカ合衆国の非営利団体であるプロジェクトマネジメント協会
（PMI）が主催しているプロジェクトマネジメントに関する国際資格である。

⑫ CompTIA A+

　社内エンジニア、IT管理者、フィールドサービスエンジニア、PCまたは
サポートエンジニアなどに必要とされる実務能力を評価。 PCワークステー
ション、Windows OSやSOHOネットワークのインストール、設定、アップグ
レード、維持に必要なスキル、PC・OS・ネットワークでの接続に関連する
問題を効果的に解決するためにトラブルシューティングテクニックやツー
ルを活用する能力、セキュリティの実装に関連する能力が含まれる。

※**Linux**：UNIXの考え方をパソコン用に改良したOSで、オープンソースソフトウェアの代表的な例として挙げられる。

※**モバイルOS**：モバイルは、携帯電話機、携帯できる、移動できる、動きやすい、といった意味の英単語。ITの世界では携帯可能な情報・通信機器や移動体通信システム、また、それらのために開発されたソフトウェアなどの名称の一部に使われることが多い。（出典：IT用語辞典 e-Words）

モバイル用のOSとしては、Android（グーグル）、iOS（アップル）、BlackBerry OS（ブラックベリー）、Firefox OS（Mozilla Foundation）、Symbian OS（Symbian Foundation）、Tizen（Tizen Projectなど）、Windows Phone（マイクロソフト）、Windows RT（マイクロソフト）などがある。

※**OMG**：（Object Management Group）オブジェクト指向の標準化団体。

※**Ruby**：Webサーバがブラウザからの処理要求に応じてアプリケーションプログラムを起動する仕組みをCGI（Common Gateway Interface）というが、この仕組みによって起動されるアプリケーションを記述する言語の一つである。

※**XML**：SGML、HTMLから派生した、双方向リンク可能なハイパーテキスト記述言語である。

第3章　ITの職種

参考文献・参考ホームページ

- 『共通フレーム2013〜経営者、業務部門とともに取組む「使える」システムの実現〜』(情報処理推進機構技術本部ソフトウェア・エンジニアリング・センター編 情報処理推進機構発行)
- 『改訂 通信ネットワークの基礎』情報処理基礎講座（電子開発学園メディア教育センター教材開発グループ編著　電子開発学園出版局発行)
- 『セキュリティ応用』(畑裕子著　エスシーシー（SCC）発行)
- 「ITスキル標準V3 2008のキャリアフレームワーク」(独立行政法人情報処理推進機構（IPA))
- 日本標準職業分類（総務省 統計局サイト）

  http://www.stat.go.jp/index/seido/shokgyou/index.htm
- 『改訂 マルチメディア概論』(電子開発学園衛星教育センター編　電子開発学園出版局発行)
- CG-ARTS検定とは？（画像情報教育振興協会（CG-ARTS協会）検定試験サイト）

  http://www.cgarts.or.jp/kentei/index.html
- 医療情報技師　医療情報技術の専門的人材として（日本医療情報学会医療情報技師育成部会サイト）

  http://www.jami.jp/hcit/HCIT_SITES/job.php?job=info/annunce02.html
- IT資格一覧（it.pc-users.netサイト）

  http://it.pc-users.net/
- OMG認定資格試験プログラムとは（UML教育研究所サイト）

  http://www.umlcert.org/omg_certifications.html
- ITコーディネータ協会サイト

  http://www.itc.or.jp/

Memorandum

第4章
情報モラル

4.1　IT技術者の倫理観
4.2　情報社会の法制度
4.3　ハイテク犯罪

第4章　情報モラル

4.1　IT技術者の倫理観

　本節では、情報の種類を述べさせてもらう。これらの種類により、倫理観や勤労観の持ち方が変わってくる。

　「火のない所に煙は立たぬ」という諺が存在する。「火」とは何らかの事象（出来事や事柄）で、「煙」とはそれに関する情報である。何らかの事象があるからこそ情報が生まれる。

　ネットワークが発達していなかった社会では、「火」すなわち何らかの事象に対して、架空の情報は大々的に広まるものではなかった。そういうものがあったとしても、その発信源は通信手段を持っている特別な人に限られていたはずである。この代表的な事例は、1938年10月30日にハロウィン特別番組として、アメリカのラジオ番組「Mercury Theatre on the Air」で生放送された「宇宙戦争」であろう。この生放送は多くの聴取者を実際の火星人侵略が進行中であると信じさせ、警察に膨大な量の問い合わせの電話があったといわれている。この件は、生放送中は、情報の大きさとしては小さいものであったが、後に新聞社などが新興メディアであるラジオに対してバッシングするためにことさら事象を大きくさせたとの説もある。いずれにしても火星人侵略という「火」は事実無根で番組内でもフィクション（創作）であると伝えていたはずにも関わらず、たまたま通信手段を持っていた人に演技力があったのか、フィクションが真実味をおびて誤った情報、すなわち「煙」として伝わってしまった。

　コンピュータネットワークが発達した今日では、通信業界に勤務している人に限らず我々一人ひとりが「火」を「煙」として瞬時に多くの人に伝えることができる。

　IT技術者、あるいはこれからIT技術者になろうとしている者は、以下（1）～（4）の4つのパターンがあることを認識し、ITに従事するプロとしての自覚＝倫理※観を持って行動すべきである。このパターンに沿って、ITに従事するプロとしての自覚＝倫理観を説明する。

> **注釈**　※**倫理**：行動の規範としての道徳観や善悪の基準。
> 　　　　（出典：『新明解国語辞典　第七版』三省堂）

（1）火のあるところに煙は立つ。
　　　火＝何らかの事象が本当か、嘘（元になる事象はあるが情報が捻じ曲げられている）ではないかを、IT技術者は見極める。見極める方法としては、次のようなことが挙げられる。

第4章　情報モラル

（ア）発信源（URL、電話番号など）が正規のものか複数のルートで一致するか確認する。

（イ）発信者が発信した情報に対してどの程度の責任を持つ立場（代表者、広報担当者など）なのかを確認する。

（ウ）どこまでが、発信者の言葉であり、どこまでが引用部分なのかが明確になっているかを確認する。その区別が不明確な情報は、全てを信用すべきでない。

　風評被害※に関しては、別の「火」があたかも真実の「火」のように「煙」として伝えられた例である。風評被害を受けたものは、積極的に自分の正しい情報を発信するよう自衛策を取っている場合がある。単に文字表現で「これが事実です」といっても、正しい情報と受け入れることが難しく、映像や画像で情報をリアルタイムに伝えたり、食品関係ではトレーサビリティ※を付加し信頼のある団体の証明書を添付したり、あるいは信用があるマスメディア※を通じて広報を行ったりしている。ただし、いずれも風評被害を防衛するには莫大な費用と労力がかかることをIT技術者は忘れてはならない。

注釈

　※**風評被害**：客観的な根拠もないのに「・・・は危険だ」などといううわさが広がり、関係者が経済的損失を受けること。（出典：『新明解国語辞典　第七版』三省堂）

　※**トレーサビリティ**：食品の安全性確保のために生産流通の履歴を追跡できるようにすること。履歴管理。（出典：『新明解国語辞典　第七版』三省堂）

　　なお、IT関係では、ユーザーの要求事項～納品物まで、あるいはその途中工程における、上位工程から下位工程（あるいは下位工程から上位工程）への所産の履歴を追跡できるようにすることに、トレーサビリティという用語を用いている。

　※**マスメディア**：マスコミ（新聞・テレビ・ラジオなどによって、一時に広い地域の人が事件の報道や啓蒙的解説や芸能などの伝達を受け（て、それに影響され）ること。大衆伝達）を取り次ぐもの。新聞・テレビ・ラジオなど。大衆的媒体。（出典：『新明解国語辞典　第七版』三省堂）

（2）火のあるところに煙は立たぬ。

　　大衆受けしないものは、煙はなかなか立たないものである。マスメディアではニュースソース※として価値がないことで報道しない。IT技術者はふとしたきっかけでその「火」を見つけた場合は、火＝何らかの事象が本当か、嘘（元になる事象はあるが情報を捻じ曲げられている）かを見極め、自分が「煙」を発する（利用する）場合は、慎重に「煙」を発する（利用する）べきである。慎重にとは、次のようなことが挙げ

97

第4章　情報モラル

られる。

（ア）発信源（URL、電話番号など）が正規のものか複数のルートで一致するか確認する。

（イ）発信者が発信した情報に対してどの程度の責任を持つ立場（代表者、広報担当者など）なのかを確認する。

（ウ）どこまでが、発信者の言葉であり、どこまでが引用部分なのかを明確になっているかを確認する。その区別が不明確な情報は全てを信用すべきでない。

（エ）自分が発信（利用）する場合、発信者としての自分の立場を明確にする。

（オ）自分が発信（利用）する場合、元情報と自分が付加した情報を明確にする。

（カ）自分が発信（利用）する場合、発信後の経過が必要であれば、実施する。

| 注釈 | ※**ニュースソース**：ニュースの出どころ（提供者）。取材源。
（出典：『新明解国語辞典 第七版』三省堂） |

（3）火のないところに煙は立つ。

　　これが一番やっかいなパターンで、コンピュータネットワーク社会ならではの現象である。いわゆるデマである。火＝何らかの事象が本当か、嘘（元になる事象は探しても見つからず、うわさ話の煙ばかり）ではないかを、IT技術者は見極める。見極める方法としては、以下のようなことが挙げられる。IT技術者が自ら火のない煙を発してはならない。

（ア）発信源（URL、電話番号など）が正規のものか複数のルートで一致するか確認する。

（イ）発信者が発信した情報に対してどの程度の責任を持つ立場（代表者、広報担当者など）なのかを確認する。

（ウ）どこまでが、発信者の言葉であり、どこまでが引用部分なのかを明確になっているかを確認する。その区別が不明確な情報は全てを信用すべきでない。

第4章　情報モラル

　もちろん、コンピュータネットワーク社会以前の時代でも地域ごとのデマ※が、全国的に広まったことはあったが、火のないところに煙は立つという現象は、コンピュータネットワーク社会では日常茶飯事となっている。
　以下、事例を紹介する。

①「「LINE※が有料化する」という内容のデマが12月18日にTwitter※で広がり、LINEの公式アカウントなどが否定に奔走するという騒ぎがあった。きっかけは、NHN Japanが前日に発表した、未成年ユーザーのID検索機能の停止。この発表内容を誤解したのか、「LINEが有料になる」とTwitterでつぶやく※ユーザーが続出した。
　18日、大学生とみられるユーザーが投稿した、「LINEをアップデートすると有料になり、ID検索できなくなる」という内容が8000回以上RT※されたほか、「18歳未満は利用禁止になる」というデマも、10代ユーザーを中心に一部で広がっていた。デマをツイートしたユーザーの1人は、「めっちゃRTきた」と拡散の勢いを喜んでおり、刺激的な情報を流すことでRT数を稼ぎたいという意図があったのかもしれない。」
　（出典：ITメディアニュース　「LINE有料化」デマ広がる　運営側はきっぱり否定「1ミリも考えたことない」
　　　http://www.itmedia.co.jp/news/articles/1212/19/news081.html）

②「2011年の東日本大震災において（以上は著者追記）3月17日頃からの各メディアの報道において、福島第一原発の半径20キロ圏内にある福島の双葉病院において、運ばれた患者が相次いで死亡したが、その時に病院関係者が搬送時に付き添っていなかったという報道がなされます（17日にTUFの報道番組(地デジ6ch)が「大熊町双葉病院の職員は患者を残して逃げた」というものがあったらしい）。
　（中略）
　つまり、3月15日午前1時ごろの最終避難まで院長や職員はともにいた が、警察官からの指示（つまりよほどの事態）において苦渋の選択として避難せざるを得なくなったということだと思われます。ちなみに上で書いてあるように、その後（15日昼頃）、自衛隊が病院に向かい、救助にあたっています。しかし残念ながら、搬送中・搬送後に計21人の患者が亡くなったとのこと。
　（中略）
　さて、何故これが最初のように患者を置き去りにして医療関係者が逃げたというように伝わったのは、この自衛隊の救助時には前述のようにやむなく病院関係者は避難をせざるを得ませんでしたが、その時のことについての福

第4章　情報モラル

島県の発表が「病院関係者の付き添いはなかった」というものがそのまま報
道で「患者を見捨てて逃げた」と受け止められ、報道されたからということ
らしいです。（以降略）」

（出典：福島・双葉病院にて患者を置き去りにして職員が逃げたという誤報
（訂正information）http://teisei.info/archives/106）

注釈

※デマ：扇動的（謀略的）な悪宣伝。自分の利益のためにする（でたらめの）悪口や
うわさ話。（出典：『新明解国語辞典　第七版』三省堂）

※LINE：（ライン）スマートフォンなどで短い文字メッセージの交換(チャット)や音声
通話などができるアプリケーションソフト。韓国NAVER社傘下のNHN Japanが開
発・提供している。（出典：IT用語辞典 e-Words）

※Twitter：（ツイッター）（インターネットで）一四〇字以内で自分の近況や考えを記
し、掲示板に投稿するサービス。（出典：『新明解国語辞典　第七版』三省堂）

※つぶやく：ここでは、Twitterに投稿することを指す。

※RT：（リツイート）Twitterで他のユーザの発言を転載すること。また、転載した発
言。（出典：IT用語辞典 e-Words）

（4）火のないところに煙はたたぬ。

あたりまえのことである。しかし、「火のないところに煙はたつ」のパターンが多
くなり、あたりまえでなくなってきている。

（5）倫理観の喪失

SNS※自体は気軽に速やかに情報交換できるものであるため、現代では欠かせないも
のになっている。ただし、簡便さからSNSを通じて倫理観が損なわれている例が非常
に多くなっている。法律知識が少なく保護者に守られている意識が強い年代では彼ら
だけの責任ではなく、「こういうことは、知っているだろう」という固定観念※をやめ、
「本当に何も知らない」という前提で、IT技術者というより大人として彼らにリス
ク※を教えるべきであろう。例えば、SNSはプライベートな空間と思い軽はずみな書き
込みが（書き込むネタになる行動自体も問題だが）周囲の人たちに迷惑をかけ巻き込
んでしまう事態になること、あるいは逆にそれを知りながらも自己顕示欲を満たすた
めにわざとSNSに書き込み、刑事事件にまで発展する恐ろしさをしっかりと教えてい
く必要がある。恋人や仲の良い友達であっても無防備の自分の映像や画像を撮らせる
ことを行ってはならない。仲違いしたことで、SNS上にその映像や画像を公開されて
しまっては、後の祭りである。SNSは実社会と同様の倫理観を持たねばならないこと、
顔を合わさないから平気でその文言を書き込めてしまうが、顔を実際に合わせていた
ときにその文言をいうことが本当にできるのかを教えていかなければならない。

100

第4章　情報モラル

以下に、事例を紹介する。

①　コンビニエンスストアの店員が、アイスクリームケースの中で、商品の上
に寝そべった様子を知人に撮影させ、Facebook※に写真を投稿した。その写
真が匿名掲示板に流出し、インターネット上で衛生管理についての批判が相
次ぐなど、「炎上※」する事態になった。当該コンビニエンスストアは謝罪文
を発表し、当該店のFC※契約解約と休業を決定した。

②　大学生が高級ホテルの鉄板焼きレストランにアルバイトとして勤務して
いて、客として訪れたアベックの有名人の情報をTwitterに掲載し、インター
ネット上で大学生のモラルが問われ、炎上状態となった。この大学生は
Twitter IDを削除したものの、過去にもホテルに訪れた客のプライベート情報
を暴露していたことが判明し、インターネット上でさらに炎上する状態とな
っている。

③　若さとは時に「バカ」と同義であり、「悪ノリ」とイコールであったりす
る。だが「若気の至り」で許される事柄にも限度はある。テーマパークで大
学生3人が迷惑行為を繰り返した問題は、テーマパーク側が被害届を提出し、
警察が威力業務妨害などの容疑で書類送検する刑事事件に発展した。来園者
に夢を与えるテーマパークの性格上、刑事罰を求めることには慎重論もあっ
たが、学生らの不遜すぎる振舞いがテーマパークにレッドカード※を決断さ
せた。威力業務妨害などの非行事実で家裁送致された大学生は自らの行為に
ついてブログにこうつづった。誰もやらないことをして目立ちたい。そんな
"ウケ狙い"の行動は半年後、世間の猛烈な批判にさらされることになる。
騒ぎの発端は大学生が、テーマパークが新設したばかりのアトラクションで
手首を骨折したと、Twitterに嘘を書き込んだことだった。書き込みには、実
際にはサッカーで骨折した際に撮影したX線写真が添付されていた。臆面も
なく迷惑行為を自慢する内容にネットユーザーらが反発し、Twitterなどの更
新履歴から過去の迷惑行為を暴き出し、ネット上で拡散させた。

④　タレントの女子高生が元交際相手に刺され、搬送先の病院で亡くなった。
二人はSNSを通じて出会い、交際が始まるが、被害者が海外留学のため加害
者に別れを告げたところ、加害者は復縁を迫り、これを断られたためストー
カー行為が始まった。加害者が被害者の裸の画像などをネットに流出させた
ことで社会に大きな波紋を投げかけた。
　　なお、こうした行為は「リベンジポルノ」と呼ばれる。2014年2月に自民党

第4章　情報モラル

で特命委員会が設置され、こうした行為に対し、「公表罪」として懲役か罰金を科すことが検討され、2014年11月19日に私事性的画像記録の提供等 による被害の防止に関する法律(リベンジポルノ防止法)が、国会で成立した。

注釈

※SNS：インターネット上の登録組合員向けの情報交換・交流サイト。また、そのサービス。（出典：『新明解国語辞典 第七版』三省堂）

※固定観念：それが正しいと一度思いこんでしまって、変えることのできない考え。（出典：『新明解国語辞典 第七版』三省堂）

※リスク：その時点では問題になっていないが、そのままにしておくと問題が発生する恐れのあること。ここでは、リスクについては脅威（資産を脅かすもの）と捉える考え方である。なお、単にリスクについて説明する場合、リスク対策を検討し、物事を今以上に良くさせる好機（チャンス）に捉える考え方もある。

※Facebook（フェイスブック）：北米の大学生向けに特化したことで高い人気を獲得したソーシャルネットワーキングサービス（SNS）。

※炎上：（大きな建築物が）火事で燃え上がること。
（出典：『新明解国語辞典 第七版』三省堂）
　なお、ここでは、SNS上のサイトに掲載したもの（文章、画像、映像など）が何らかの不祥事がきっかけとなり注目を浴びてしまったものが、「大きな建築物」に相当し、それに対し多くの非難や中傷的なコメントがSNS上に届く状態を指す。そのサイトが閉鎖される事態になることもある。

※FC（フランチャイズ）：親企業が一定地域内で与える営業販売権。
（出典：『新明解国語辞典 第七版』三省堂）
多くのコンビニエンスストアの営業形態がこれに属する。

※レッドカード：（度重なる）違反行為を犯して法的な制裁を受けること。
（出典：『新明解国語辞典 第七版』三省堂）

第4章　情報モラル

4.2　情報社会の法制度

　文部科学省では、平成21年3月9日に学校教育法施行規則の一部改正と高校など学校学習指導要領※の改訂を行い、「情報産業と情報モラル」の内容において、情報産業に関わる法規を以下の通り理解させることを説明している。

　「著作権、産業財産権などの知的財産権、労働基準法、労働者派遣事業の適正な運営の確保及び派遣労働者の就業条件の整備等に関する法律（労働者派遣法）、雇用の分野における男女の均等な機会及び待遇の確保等に関する法律（男女雇用機会均等法）などの労働に関する法及び不正アクセス行為の禁止等に関する法律（不正アクセス禁止法）、個人情報の保護に関する法律（個人情報保護法）、製造物責任法（PL法）などの安全に関する法などを取り上げ、これらの法規の制定の趣旨や情報産業とのかかわりなどについて理解させる。」

　知的財産権は、特許権、実用新案権、意匠権、商標権、著作権などである。価値がある知的創造物だが、簡単に盗めるため法律で権利を定義している。
以下、情報社会で必要となる法律を紹介する。

（1）著作権

　　人間の思想または感情を創作的に表現したものを保護するための権利である。文芸、学術、美術、音楽の創作的な表現物に対して著作者の権利である。届け出は不要（無方式主義という）であり、見た目を法律は保護している。すなわち、利用目的が、商用であろうがなかろうが、真似したものであろうがなかろうが、上手い下手に関わらず、見た目が同じであれば著作権を侵害したことになる。

（ア）著作権の定義

　　著作権法ではその第二条で著作物を次のように定義している。

　　「著作権法　第二条1
　　著作物　思想又は感情を創作的に表現したものであって、文芸、学術、美術又は音楽の範囲に属するものをいう」

　　この法律により、詩、小説、論文、絵画、イラスト、曲、歌唱、舞、写真、映画、朗読、演奏、講演、プログラム、編集物、データベースなど、多くの種類の創作物が保護の対象となる。言語、規約※、アルゴリズム※、アイディア※、法令、時事の報道、あるいは事実の伝達に過ぎない雑報のように誰が作っても

103

第4章　情報モラル

同じようなものができる場合は、除外である。時事の報道であっても、記者が創造的な内容を使った文章は著作権法の対象となる。

（イ）著作権の内容

著作権は、著作者人格権※と著作者財産権※とに大きく分けることができる。なお、著作権というと著作者財産権を指している場合が多い。

著作人格権は公表権※、氏名表示権※、同一性保持権※であり、著作者財産権は複製権※、上演権※および演奏権※、上映権※、公衆送信権※、翻訳権※および翻案権※などがある。著作権のうち著作者人格権は他人に譲渡することができないが、著作者財産権はそれを譲渡することができる。また、著作者人格権は、権利は永久であるが、著作者財産権は著作者の死後50年、法人は公表後50年、映画は公表後70年の権利である。著作者財産権だからといって無償だから侵害にならないということにはならない。権利者でないものが無断で複製し無償で頒布した場合は複製権侵害となる。既に公表された著作物に対して営利目的でなければ上演、演奏、上映などは無断で行って著作権侵害とはならない。

なお、著作権法は時代の変化で改訂されてきている。2004年以降の主な改訂点を説明する。

・映画の著作物の保護期間が公表後50年から公表後70年に延長、ライブで行う衛星授業などで使用する著作物は無許諾で使用可能、授業で使用する教材などの複製が生徒も無許諾で可能および目の不自由な生徒向けに拡大教科書の利用も無許諾で可能となるよう改正された（2004年1月施行）

・違法配信されている音楽・映像を違法と知りつつダウンロードする行為を禁止する「ダウンロード違法化」の措置（2012年10月から罰則も追加）および海賊版※DVDなどを違法複製物であると知りつつネットオークションなどに出品する行為が禁止（罰則：5年以下の懲役もしくは500万円以下の罰金または併科）された。（2010年1月施行）

・ストリーミング配信におけるキャッシュ※や、検索エンジンが行うコンテンツの複製などについて、必要と認められる限度においては、権利者の許諾を必要としないことを明文化した。権利者不明の場合の裁定制度については著作隣接権にも範囲を拡大し、過去のテレビ番組などの利用円滑化を図った。（2010年1月施行）

・国会図書館※における所蔵資料の電子化や、ネット販売に伴う美術品などの画像掲載、情報解析研究のための複製、障害者向けの録音図書※や映像に対する字幕・手話の付加などについても、権利者の許諾なしに行える規定を設けた。（2010年1月施行）

・付随対象著作物※としての利用が、著作権者の利益を不当に害することとな

104

第4章　情報モラル

る場合を除き、著作権侵害に当たらなくなる「写り込み」に関する規定など
を設けた。（2013年1月施行）

・紙媒体による出版のみを対象とした出版権制度※が、CD-ROMなどによる出版
やインターネット送信などによる電子出版に対しても適用することができ
るようになった。（2015年1月施行）

（ウ）複製権侵害の例

・NHKのニュース映像に写真が無断で使われたとして、写真家がNHKなどに損
害賠償を求めて札幌地裁に提訴した。同地裁で判決があった。裁判官はNHK
側の著作権侵害を認めて40万円の支払いを命じた。

・千葉県警生活経済課サイバー犯罪対策室と千葉北署は、ファイル共有ソフト
「Share」（シェア）※を通じて、ニンテンドーDS※ゲームソフトを権利者に無
断でアップロードし、送信できる状態にしていた、愛知県豊明市の会社員男
性Aと神奈川県茅ヶ崎市のアルバイト男性Bを、それぞれ著作権法違反（公衆
送信権侵害）の疑いで逮捕した。

（エ）著作物が自由に使える場合

　　著作権法では、第30条〜第47条の8に一定の「例外的」な場合に著作権などを制
限して、著作権者などに許諾を得ることなく利用できることを定めている。私
的使用のための複製、図書館などにおける複製、引用、教科用図書などへの掲
載、教科用拡大図書などの作成のための複製など、学校教育番組の放送など、
教育機関における複製など、試験問題としての複製など、視覚障害者などのた
めの複製などが該当する。

・私的使用のための複製は個人的、家庭内に準ずる範囲であれば違反とはなら
ない。しかし、その範囲であってもデジタル機器に対して、コピーガード※
解除したり解除ツール頒布したりする。また、違法コピーと知りながら、音
楽や映像をダウンロードする行為などは違反である。

　　　「「ニンテンドーDS」ソフトを不正コピーしたデータを利用できる機器
　　　「マジコン」※の販売差し止めを任天堂とゲームソフトメーカーが求め
　　　た訴訟で、東京地裁は2月27日、業者に対しマジコンの輸入販売禁止と
　　　在庫廃棄を命じる判決を言い渡した。」
　　　（出典：ITメディアニュース　「マジコン」販売禁止命じる　東京地裁、
　　　　　　任天堂の訴え認める判決
　　　　　　http://www.itmedia.co.jp/news/articles/0902/27/news077.html）

・教育機関における複製などは、授業用の複製は違反にならない。ただし、授

第4章　情報モラル

業に必要最小限であること、権利者に損害を与えないことが条件となる。私的利用を除き授業以外においては無断で使用してはならないため、印刷物は授業後に回収したり、必要以上に印刷したりしないといった配慮をする。授業後にライブラリ化し、自由閲覧できるようにすることは違反となる。

・偶然の写り込みは違反とならない。

　2013年1月の改訂著作権の施行で、偶然の写り込みは違反とならないこととなった。それまでは、著作権のあるキャラクタが個人撮影した写真に写っていた場合、厳密には違法であった。しかし、SNSで無意識に投稿する場合が多くなったこともあり、著作者の権利を侵害しない限り（たまたま隅に写っていた場合など）は違反ではないことを明示することとなった。

・引用は以下のルールを守れば、無断での複製は違反とならない。

```
出所明示
必要最小限
引用部分がわかるように
自分の作品が主、引用は従
改変せず
```

（オ）著作者以外の権利

　著作権法には、著作者以外の権利も規定されている。出版権と著作隣接権である。

　出版権は、出版社の権利でほかの出版社に出版させないように登録するものである。著作隣接権は実演家やTV局、放送局の権利である。実演家やTV局、放送局には著作権はないが、演奏や放送を行う上で必要な放送権※、録音権※、録画権※、貸与権※などが認められている。

（カ）国際的な著作権保護

　国によって著作物に対する考え方は異なるが、それでは自国で守られていた著作物が複製し放題となってしまう。したがって、自国内では加盟国の著作物も自国の法律で同じように保護されるよう、各国はさまざまな条約を締結している。その中でも1886年創設のベルヌ条約は無方式主義※国のみ166ヶ国（2013年3月現在、公益社団法人著作権情報センター）が加盟している。

　1952年創設の万国著作権条約は100ヶ国（2013年3月現在、公益社団法人著作権情報センター）が加盟しており、この条約では著作権表示をすれば、方式主義※国でも保護してもらえる。

106

第4章　情報モラル

> **注釈**

※**学習指導要領**：全国のどの地域で教育を受けても、一定の水準の教育を受けられる
ようにするため、文部科学省では、学校教育法等に基づき、各学校で教育課程（カ
リキュラム）を編成する際の基準を定めています。これを「学習指導要領」といい
ます。
　「学習指導要領」では、小学校、中学校、高等学校等ごとに、それぞれの教科等
の目標や大まかな教育内容を定めています。また、これとは別に、学校教育法施行
規則で、例えば小・中学校の教科等の年間の標準授業時数等が定められています。
各学校では、この「学習指導要領」や年間の標準授業時数等を踏まえ、地域や学校
の実態に応じて、教育課程（カリキュラム）を編成しています。
　（出典：「学習指導要領とは何か？」文部科学省サイト
　http://www.mext.go.jp/a_menu/shotou/new-cs/idea/1304372.htm）

※**規約**：（組織・団体などで）約束として、協議して定めた規則。
　（出典：『新明解国語辞典　第七版』三省堂）

※**アルゴリズム**：問題の答えを計算によって求めるための手順。（コンピュータで）
プログラムにおける処理手順。（出典：『新明解国語辞典　第七版』三省堂）

※**アイディア**：何かを実現するための方式や手段として、こうしたらよいのではと思
い巡らせた考え。（出典：『新明解国語辞典　第七版』三省堂）

※**著作者人格権**：著作者の人格的利益を保護する権利

※**著作者財産権**：著作物の利用を許諾、禁止する権利

※**公表権**：未公表の著作物を公表するかどうか等を決定する権利

※**氏名表示権**：著作物に著作者名を付すかどうか、付す場合に名義をどうするかを決
定する権利

※**同一性保持権**：著作物の内容や題号を著作者の意に反して改変されない権利

※**複製権**：著作物を印刷、写真、複写、録音、録画その他の方法により有形的に再製
する権利

※**上演権**：著作物を公に上演する権利

※**演奏権**：著作物を公に演奏する権利

※**上映権**：著作物を公に上映する権利

※**公衆送信権**：著作物を公衆送信し、あるいは、公衆送信された著作物を公に伝達す
る権利

※**翻訳権**：著作物を翻訳する権利

※**翻案権**：著作物を翻案する権利
　（以上、「著作者人格権」から「翻案権」までの出典：文化庁サイト「著作者の権利
の内容について」http://www.bunka.go.jp/chosakuken/gaiyou/kenrinaiyou.html）

※**翻案**：原作の内容を元にして、改作すること。また、その物。
　（出典：『新明解国語辞典　第七版』三省堂）

※**海賊版**：（外国の）著作権者に無断で複製した出版物。
　（出典：『新明解国語辞典　第七版』三省堂）

第4章　情報モラル

※**キャッシュ**（cache）：使用頻度の高いデータを高速な記憶装置に蓄えておくことにより、いちいち低速な装置から読み出す無駄を省いて高速化すること。また、その際に使われる高速な記憶装置や、複製されたデータそのもののこと。
　（出典：IT用語辞典 e-Words）

※**国会図書館**：国立国会図書館は、日本における唯一の国立図書館です。 国会法第130条の「議員の調査研究に資するため、別に定める法律により、国会に国立国会図書館を置く」の規定にもとづき、国立国会図書館法により昭和23年（1948年）に設立されました。

国立国会図書館法は、前文で「真理がわれらを自由にするという確信に立って、憲法の誓約する日本の民主化と世界平和とに寄与することを使命として、ここに設立される」と設立の理念をうたい、第2条には「図書及びその他の図書館資料を蒐集し、国会議員の職務の遂行に資するとともに、行政及び司法の各部門に対し、更に日本国民に対し、この法律に規定する図書館奉仕を提供する」と、その目的を定めています。
　（出典：国立国会図書館サイト「設立の目的」
　　http://www.ndl.go.jp/jp/aboutus/outline/purpose.html）

※**録音図書**：通常、書店に並んでいる活字の図書は、視覚に障害のある人たちには読みにくいか、または読むことができません。そこで、耳で聴いて読書できるように朗読し、その音声を収録したものが録音図書です。
　（出典：社会福祉法人日本点字図書館サイト
　　http://www.nittento.or.jp/about/scene/recording.html）

※**付随対象著作物**：写真の撮影等の方法によって著作物を創作するに当たって、当該著作物（写真等著作物）に係る撮影等の対象とする事物等から分離することが困難であるため付随して対象となる事物等に係る他の著作物。
　（出典：文化庁サイト「平成24年通常国会　著作権法改正について」
　　http://www.bunka.go.jp/chosakuken/24_houkaisei.html）

※**出版権制度**：複製権者と出版者との契約により、設定することができる排他的権利の制度。複製権者は、著作者（著作者は、その著作物を複製する権利を専有）、あるいは著作権者から、その著作物の複製を許諾された者である。

※**Share（シェア）**：ファイルの検索、転送をすべてP2P（サーバを経由せず、クライアント（パソコンなど）どうしでファイルのやり取りを行います。）で行うピュアP2P。開発は日本で行われ、利用IPもほぼ100%を日本が占める。拡散アップロード機能などを有するため、従来匿名性が高いと言われてきたが、様々な解析が進み、特定は可能となっている。ファイルのダウンロードと同時に共有（アップロード）状態となる。
　（出典：一般社団法人コンピュータソフトウェア著作権協会（ACCS）サイト
　　　「代表的なファイル共有ソフト」
　　https://www2.accsjp.or.jp/fileshare/about/software.php）

※**ニンテンドーDS**：任天堂が2004年7月に発表した携帯ゲーム機。液晶画面を2面搭載

第4章　情報モラル

したユニークな形態となっている。（出典：IT用語辞典 e-Words）

※**コピーガード**：ソフトウェアやビデオなどの著作権を守るための複写防止の仕掛け。
（出典：『新明解国語辞典 第七版』三省堂）

※**マジコン**：家庭用ゲーム機で使用されるROMカセットの内容を読み取って保存した
り、保存した内容を用いてゲーム機を起動したりする装置。
購入したゲームカセットが破損した場合などに備えバックアップを取るために開発
された装置だが、インターネットなどを通じて違法コピーが横行しているとして問
題となっている。

※**放送権**：自分の実演を放送する権利。

※**録音権**：自分の実演を録音する権利。

※**録画権**：自分の実演を録画する権利。

※**貸与権**：商業用レコード（市販用CD等）を貸与する権利（最初の販売後1年のみ）
（以上、「放送権」から「貸与権」までの出典：文化庁サイト「著作隣接権」
http://www.bunka.go.jp/chosakuken/gaiyou/chosaku_rinsetuken.html）

※**無方式主義**：著作物を創作した時点で自動的に著作物を保護する権利が発生すると
する主義。

※**方式主義**：著作物が著作権による保護を受けるためには、方式的な要件が必要であ
るとする主義。

（2）産業財産権

　特許権、実用新案権、意匠権および商標権の4つを「産業財産権」と いい、特許庁
が所管している。

（ア）特許権

　　特許権は特許法によって発明を保護するものである。特許権が認められる条
件は、産業利用性※、新規性※、進歩性※があることである。特許出願の前に、
アイディアをインターネットで公表すると新規性が否定されて特許登録できな
い。特許権の存続期間は出願後20年である。

（イ）実用新案権

　　実用新案権は、保護の対象を「物品の形状、構造または組合せに係る考案」
としており、特許権よりも高度な事案でなくてもよい。存続期間は2005年から
出願後10年となり、認められる条件は、有用性※、新規性、進歩性である。

（ウ）意匠権

　　意匠権は保護の対象を「物品（物品の部分を含む）の形状、模様もしくは色

109

第4章　情報モラル

彩またはこれらの結合であって、視覚を通じて美感を起こさせるもの」としており、存続期間は出願後20年で、認められる条件は、物品性※、形態性※、美感性※、工業上利用性※、新規性、創作非容易性※である。

（エ）**商標権**

　商標とは、会社名、商品名、ロゴ※など商用に使われる文字や図形の組み合わせをいう。日本では登録によって権利が発生する。では登録していない商標はどう使ってもいいのかというと、人気のある他社の商品と思って、消費者が間違って購入してしまうような類似品を発売し、他社の営業行為を妨害した場合を考えると、たとえそれが商標登録されていない商品でも不正競争防止法※によって違反行為となる。

　なお、他国では既に広く保護対象となっている色彩（企業のイメージカラーなど）や音（企業のTVコマーシャルに用いられている効果音など）といった商標を日本における保護対象に追加されることが、2014年4月に国会で成立した。そして、新商標登録出願・登録が2015年4月1日に開始された。詳しくは、特許庁「新しいタイプの商標の保護制度について」

　（https://www.jpo.go.jp/seido/s_shouhyou/new_shouhyou.htm）を参照のこと。

注釈

※**産業利用性**：産業上利用することができる発明であること。
※**新規性**：今までにない新しい発明であること。
※**進歩性**：容易に考え出される発明ではないこと。
※**有用性**：役にたつこと。
※**物品性**：物品に係るものであること。
※**形態性**：形状、模様もしくは色彩またはこれらの結合であること。
※**美感性**：視覚を通じて美感を起こさせること。
※**工業上利用性**：工業上利用できること。
※**創作非容易性**：容易に想像できたデザインでないこと。
※**ロゴ**：会社名やブランド名などを図案化したマーク。ロゴタイプの略。ロゴマークとも。（出典：『新明解国語辞典　第七版』三省堂）
※**不正競争防止法**：以下のような営業上の行為を不正競争としており、それを防止する法律である。
　①他人の有名な商品名などを表示し消費者に同じ商品と混同させるように使用すること。
　②知っていることによって他者より有利となる、営業上の秘密（トレードシークレット）を漏らすこと。以下の事例がある。

　　2014年8月大手通信教育企業で顧客情報漏えい事件が発生し、警視庁生活経済課は11日、約2千万件の顧客データを不正に持ち出したとして、元システムエンジニアを不正競争防止法違反（営業秘密の複製）罪で起訴し、同法違反（同）の疑いで再逮捕した。
　　再逮捕容疑は2014年6月に当該企業のグループ企業にて、約2千万件の顧客デー

110

タを業務用パソコンにダウンロードし、私物のスマートフォンをUSBケーブルで
つなぎ、内蔵のSDカードにコピーして持ち出した疑いである。

③コピーガードを回避する機器を頒布すること。
④他人の営業上の信用を害する虚偽事実を告知、流布すること。

（3）労働基準法

　　労働者が企業に雇用される場合、雇用契約（労働契約）が結ばれ、この契約に定め
ない労働条件は就業規則※による場合が多い。就業規則に記載すべきことは労働基準
法第89条により定められている。また、労働基準法にはざまざまな労働条件の基準が
定められており、労働基準法を下回る条件での就業規則の条項は当然無効である。企
業で作成された就業規則は労働基準監督署に届けられ、労働基準監督署にてチェック
が行われる。

労働基準法

「(作成及び届出の義務)
　第八十九条　　常時十人以上の労働者を使用する使用者は、次に掲げる事項について
　就業規則を作成し、行政官庁に届け出なければならない。次に掲げる事項を変更し
　た場合においても、同様とする。
一　始業及び終業の時刻、休憩時間、休日、休暇並びに労働者を二組以上に分けて交
　替に就業させる場合においては就業時転換に関する事項
二　賃金（臨時の賃金等を除く。以下この号において同じ。）の決定、計算及び支払
　の方法、賃金の締切り及び支払の時期並びに昇給に関する事項
三　退職に関する事項（解雇の事由を含む。）
三の二. 退職手当の定めをする場合においては、適用される労働者の範囲、退職手当
　の決定、計算及び支払の方法並びに退職手当の支払の時期に関する事項
四　臨時の賃金等（退職手当を除く。）及び最低賃金額の定めをする場合においては、
　これに関する事項
五　労働者に食費、作業用品その他の負担をさせる定めをする場合においては、これ
　に関する事項
六　安全及び衛生に関する定めをする場合においては、これに関する事項
七　職業訓練に関する定めをする場合においては、これに関する事項
八　災害補償及び業務外の傷病扶助に関する定めをする場合においては、これに関す
　る事項
九　表彰及び制裁の定めをする場合においては、その種類及び程度に関する事項
十　前各号に掲げるもののほか、当該事業場の労働者のすべてに適用される定めをす
　る場合においては、これに関する事項」

第4章　情報モラル

　就業規則には、IT技術者のみならず、労働者が守らなければならない規則も当然定められている。特に情報モラルに関しては、企業内の機密※情報を社外に漏えいさせないという従来の規則に加え、次のような項目が近年就業規則に設けられるようになった。

- 業務外でのインターネット使用禁止
- 私用での電子メールの使用禁止
- 情報セキュリティの遵守（別途、情報セキュリティに関する規程を定め就業規則からリンクさせる場合もある）

注釈 ※**就業規則**：労働条件と服務規程を定めた規則で、全ての従業員を含めて、常時10人以上雇用する者は、必ず作成し労働基準監督署に届ける必要がある。
　　　※**機密**：組織体にとっての大切な秘密事項。
　　　（出典：『新明解国語辞典　第七版』三省堂）

（4）労働者派遣法

　職業安定法第44条で労働者供給を行う行為は禁止している。しかし、人手不足の解消もあり、労働者供給事業※とは区別した派遣事業を認める動きが強まり労働者派遣法が1986年に制定された。これにより労働者派遣の法的な位置付けを明確にした。派遣事業は、指揮命令は派遣先が行うが、派遣元が雇用主であり労働者ではなく労働のサービスを派遣先に提供するという考え方である。したがって、派遣先は、直接従業員の採用を決めたり、解雇したりすることはできない。

　したがって、以下のようなケースは派遣事業と認められない。

- 請負と称するが、発注者が受注者の労働者に指示・教育・勤務時間管理などを行う。
- 現場責任者がいるが、発注者の指示を伝達しているだけ。
- 多重に労働者派遣が行われており使用責任が不明。
- 受注者が労働者を個人事業主扱いにするが実態は発注者の指示を受けている。

　2012年年10月からは「労働者派遣事業の適正な運営の確保及び派遣労働者の保護等に関する法律」に改正され、法律の目的にも、派遣労働者の保護のための法律であることが明記された。

　また、2015年9月11日に労働者派遣法の改訂が行われた。この改訂では、特に派遣期間制限のない業務（ソフトウェア開発、放送機器等操作、事務用機器操作、秘書等の26業務）が撤廃となり、同一の派遣労働者を、派遣先の事業所における同一の組織

第4章　情報モラル

単位に対し派遣できる期間は、3年が限度となった(例外事項有り)。詳細は、厚生労働省ホームページ「平成２７年労働者派遣法の改正について」
(http://www.mhlw.go.jp/stf/seisakunitsuite/bunya/0000077386.html)を参考のこと。

> **注釈**
>
> **※労働者供給事業**：労働者供給とは、供給契約に基づいて労働者を他人の指揮命令を受けて労働に従事させることをいい、労働者派遣に該当するものを含まないものをいう。(職業安定法4条6項)
> 事業とは、「価値を生産する活動を継続的かつ計画的に企画・運営する」こと。

（5）男女雇用機会均等法

労働基準法第四条では、「（男女同一賃金の原則）
第四条　　使用者は、労働者が女性であることを理由として、賃金について、男性と差別的取扱いをしてはならない。」としているが、長い間、女性を理由とした待遇の差異があったため賃金を押さえられていた。

男性と比較して、募集および採用の不均衡、配置（業務の配分および権限の付与を含む。）、昇進、降格および教育訓練、労働者の職種および雇用形態の変更、退職の勧奨、定年および解雇並びに労働契約の更新などにおいて、待遇が良くなかった。これを改善するため1986年４月から男女雇用機会均等法が施行された。第十一条では以下の通り制定されている。

男女雇用機会均等法

「（職場における性的な言動に起因する問題に関する雇用管理上の措置）
第十一条　　事業主は、職場において行われる性的な言動に対するその雇用する労働者の対応により当該労働者がその労働条件につき不利益を受け、又は当該性的な言動により当該労働者の就業環境が害されることのないよう、当該労働者からの相談に応じ、適切に対応するために必要な体制の整備その他の雇用管理上必要な措置を講じなければならない。
2　　厚生労働大臣は、前項の規定に基づき事業主が講ずべき措置に関して、その適切かつ有効な実施を図るために必要な指針（次項において「指針」という。）を定めるものとする。
3　　（省略）」

（6）不正アクセス禁止法

4.3.1(1)項の「不正アクセス禁止法違反」を参照のこと。

第4章　情報モラル

（7）個人情報保護法

　　ネットワークの普及で個人情報の漏えい※や紛失※の危険性が高まったこと、ビジネスにおいて個人情報を扱う場面が多くなったこと、個人が個人情報に対してコントロール（利用目的の本人の同意※、開示・削除の依頼など）できるようになったことで、個人情報保護が求められるようになった。個人情報とは「個人に関する情報であって、当該個人情報に含まれる氏名、生年月日、その他の記述などによって特定の個人を識別できるもの（他の情報と容易に照合することができ、それによって特定の個人を識別することができることとなるものを含む）（出典：JIS Q 15001:2006（個人情報保護マネジメントシステム ― 要求事項））」である。個人情報保護法は2003年5月に制定され、2005年4月に全面施行された。OECD8原則※を反映したものである。1999年3月にOECD8原則を反映したJIS Q 15001:1999（個人情報保護に関するコンプライアンス・プログラムの要求事項）が個人情報保護法よりも先に制定されたが、2006年5月にJIS Q 15001:2006（個人情報保護マネジメントシステム ― 要求事項）として、個人情報保護法を反映した改訂が行われた。個人の情報としてプライバシーがあるが、一般的に他人に開示したくない情報である。また、開示されると非常に不安や不快となる情報である。法律でいう個人情報は、開示したくない情報というよりも他人に開示することを前提とした情報でもあり、個人情報保護法により開示に際して個人もコントロール（利用目的の同意、開示・削除の依頼など）できるよう、その取扱いが規定されているのである。また、2015年9月に国会で改正個人情報保護法が成立し、2017年5月30日施行された。改正内容については、「2.2 ビッグデータの活用」「（2）個人情報保護法の改正」を参照されたい。

注釈　※**漏えい**：秘密などがもれること。（出典：『新明解国語辞典 第七版』三省堂）
　※**紛失**：必要に備えて身につけていたり、決まった所に保管したりしていたものが見当たらなくなること。また、不注意などでそのような状態にすること。
　（出典：『新明解国語辞典 第七版』三省堂）
　※**本人の同意**：本人が，取得，利用又は提供に関する情報を与えられた上で，自己に関する個人情報の取得，利用又は提供について承諾する意思表示。本人が子どもの場合は，保護者の同意も得るべきである。
　（出典：「JIS Q 15001：2006（個人情報保護マネジメントシステム ― 要求事項）」）

　なお、JIS Q 15001では、個人情報の取得，利用または提供、あるいは本人にアクセスする場合の措置などについて本人の同意を必要としない場合も定めている。例えば、個人情報の利用においては、以下の通りである。
a）法令に基づく場合。
b）人の生命、身体又は財産の保護のために必要がある場合であって，本人の同意を得ることが困難であるとき。
c）公衆衛生の向上又は児童の健全な育成の推進のために特に必要がある場合であって，本人の同意を得ることが困難であるとき。

第4章 情報モラル

　d) 国の機関若しくは地方公共団体又はその委託を受けた者が法令の定める事務を
　　遂行することに対して協力する必要がある場合であって、本人の同意を得ること
　　によって当該事務の遂行に支障を及ぼすおそれがあるとき。

※OECD8原則：OECDプライバシー8原則。1980年9月23日にOECD（経済協力開発機
　構）の理事会で採択された「プライバシー保護と個人データの国際流通についての
　勧告」の中に記述されている8つの原則で、個人情報保護法制に特に大きな影響を与
　えている。内容は以下の通りである。
　① 収集制限の原則 ： 個人データは、適法・公正な手段により、かつ情報主体に通
　　知または同意を得て収集されるべきである。
　② データ内容の原則 ： 収集するデータは、利用目的に沿ったもので、かつ、正
　　確・完全・最新であるべきである。
　③ 目的明確化の原則 ： 収集目的を明確にし、データ利用は収集目的に合致するべ
　　きである。
　④ 利用制限の原則 ： データ主体の同意がある場合や法律の規定による場合を除い
　　て、収集したデータを目的以外に利用してはならない。
　⑤ 安全保護の原則 ： 合理的安全保護措置により、紛失・破壊・使用・修正・開示
　　等から保護すべきである。
　⑥ 公開の原則 ： データ収集の実施方針等を公開し、データの存在、利用目的、管
　　理者等を明示するべきである。
　⑦ 個人参加の原則 ： データ主体に対して、自己に関するデータの所在及び内容を
　　確認させ、または異議申立を保証するべきである。
　⑧ 責任の原則 ： データの管理者は諸原則実施の責任を有する。
　　（出典：IT用語辞典 e-Words）

（8）製造物責任法（PL法）

　民法第七百九条では「故意又は過失によって他人の権利又は法律上保護される利益
を侵害した者は、これによって生じた損害を賠償する責任を負う。」としている。故
意は「わざと行うこと」であるから証明は比較的容易であろう。ところが、過失は、
被害との事実関係において「不注意・怠慢であること」であり、民法上は、訴える側
が相手に過失があったことを証明しなければならない。しかし、それは容易なことで
はない。例えば、購入した冷蔵庫が突然火を出し、壊れてしまった。冷蔵庫を製造し
たメーカーに対して、冷蔵庫の製造過程や冷蔵庫の構造を知らない購入者がメーカー
の過失を証明することは不可能といってよいであろう。このことから1995年7月にPL
法が施行された。PL法では被害があったという事実があれば、購入者が過失を証明し
なくても製造物責任製造者を訴えることができるようになった。PL法では製造物責任
製造者側が、過失がなかったことを証明しなければならない。
　この法律にいう製造物は、PL法第二条で「製造又は加工された動産」と定義されて
いる。

第4章　情報モラル

　したがってサービス、不動産※、未加工のものは、この定義上の製造物には含まれず欠陥があってもPL法の対象外となる。同じくコンピュータプログラムのような無体物も動産ではないため対象外となるが、欠陥があるプログラムを組み込んだハードウェア(製造物)の使用によって損害が生じた場合は、その動産※であるハードウェアに欠陥があるものとしてPL法の対象となる。

注釈

> ※**不動産**：(所有権の移転などに一定の手続きの必要な財産の意) 土地と建物の称。
> 　(出典：『新明解国語辞典 第七版』三省堂)
> 　船や自動車は法律上、不動産に準ずるものとされる。
> ※**動産**：(容易に持ち運び出来たり所有権の変更が出来たりする財産の意) 現金・株券・商品などの財産。(出典：『新明解国語辞典 第七版』三省堂)

（9）名誉権

　人（法人を含む）の名誉権を守るために名誉毀損罪と侮辱罪の規定が刑法に定められている。名誉毀損罪は事実を示してそれが事実であろうがなかろうが、公然と人（法人含む）の社会的評価を低下させる罪である。侮辱罪は事実を示さなくても公然と人（法人含む）の社会的評価を低下させる罪である。

　公共の感心事、公益目的、真実、この3つの条件全てが該当するならば名誉毀損罪とはならない。言論の自由が保障されるということである。

　名誉権と同様に人格を尊重する権利としてプライバシー権がある。特に明文化された法律はないが私生活上のことをみだりに公開されない権利である。肖像権もプライバシー権に含まれる。肖像権は自分の容姿をみだりに公開されない権利である。デジタル機器の発達によりインターネットで容易に公開できるようになったため、意識しなければならない権利である。プライバシー権侵害となるのは、例えば私生活上の事実らしいことで、一般的に公開されたくなく、一般に知られておらず、公表することによって不快、不安になるものとされている。

第4章　情報モラル

4.3 ハイテク犯罪

　コンピュータが誕生し、汎用的に利用されるようになって以来、コンピュータ利用の犯罪が後を絶たない。その犯罪の総称はコンピュータ犯罪、ネットワーク犯罪、ハイテク犯罪、サイバー犯罪と時代が進むにつれて変化している。警察庁サイバー犯罪対策サイトなどにより、総称の経緯を説明する。

> ① 「コンピュータ犯罪は、OECD（経済協力開発機構）が1986年に示した「コンピュータ犯罪－立法政策の分析」においてコンピュータ犯罪に対する自国刑法の適用可能性について各国に検討するよう推奨した。」
> 　（出典：警察庁サイバー犯罪対策サイト）
> ② 「日本では、1987年の刑法改正によりコンピュータ犯罪に関する処罰規定が整備された。」（出典：警察庁サイバー犯罪対策サイト）
> ③ 　ネットワークが本格的に利用されるようになると、1997年4月の情報セキュリティ調査研究報告書では「近時の急速なパソコンおよびインターネットの普及の実態に照らせば、あらゆる人々ないし団体がネットワーク犯罪の被害者となり得る」と述べられており「ネットワーク犯罪」という言葉が使われるようになった。
> ④ 　サミットでは、一般に「ハイテク犯罪」（high-tech crime）という用語を使用していたが、法務省の平成14年版犯罪白書では「デンバー・サミット（平成9年6月開催）でのコミュニケ※において，ハイテク犯罪は「コンピュータ技術および電気通信技術を悪用した犯罪」を意味する言葉として用いられ国際的に定着した用語」とされている。
> ⑤ 　サイバー犯罪については、それまでの用語に対し情報セキュリティを阻害する意味合いが強く加わり、日本では2000年の沖縄サミットで初めて公式に使用されたといわれる。

本書では、ハイテク犯罪という用語で話をすすめる。

注釈　※コミュニケ：（主として外交上の）公式声明書。
　　　（出典：『新明解国語辞典　第七版』三省堂）

第4章　情報モラル

4.3.1　ハイテク犯罪の分類と検挙件数

　　ハイテク犯罪は、コンピュータネットワーク内でコンピュータ技術や電子通信技術を悪用した犯罪である。警視庁はコンピュータ犯罪とネットワーク利用犯罪に分類し、さらにコンピュータ犯罪は不正アクセス禁止法違反とコンピュータ・電磁的記録対象犯罪及び不正指令電磁的記録に関する罪に分類している。

■■■　図表4.3.1-1.　ハイテク犯罪の分類　■■■

ハイテク犯罪	コンピュータ犯罪	不正アクセス禁止法違反 （アクセス権限のない者が権限を破る犯罪である）
		コンピュータ・電磁的記録対象犯罪および不正指令電磁的記録に関する罪 （アクセス権限のある者の不正行為で、刑法の一部であり、コンピュータを利用した、特有の犯罪である）
	ネットワーク利用犯罪 （刑法、著作権法など犯罪行為にネットワークを使用した犯罪で、上記コンピュータ犯罪以外の犯罪）	

（1）不正アクセス禁止法違反

　　不正アクセス禁止法は、パスワード保護を破る、漏らすといった行為を禁止するもので、アクセス制御されているコンピュータに対しアクセス管理者の許可を得ずに不正アクセスする行為を禁止する法律である。不正アクセスせずとも、パスワードなどの識別符号を正当な理由がなく提供するような不正アクセスを助長※する行為、あるいは不正アクセス目的で他人のパスワードなどを不正取得、不正保管することも、禁止の対象としている。識別符号にはパスワードや指紋認証システムの認証※データなどがある。

注釈　※**助長**：悪い傾向を一層強くさせること。（出典：『新明解国語辞典　第七版』三省堂）
　　　※**認証**：ユーザーがアカウントを持つ者かどうかを識別すること。

第4章　情報モラル

（2）コンピュータ・電磁的記録対象犯罪及び不正指令電磁的記録に関する罪

　　刑法の一部でありコンピュータでなれば発生しない特有の犯罪として電子計算機使用詐欺罪、電子的記録不正作出罪、不正指令電磁的記録関連の罪、電子計算機損壊等業務妨害罪等がある。

（ア）電子計算機使用詐欺罪

　　銀行の預金データを改ざん※するなど、コンピュータのデータなどを不正に書き換え不正な利益を得る罪である。

（イ）電磁的記録不正作出罪

　　クレジットカードを偽造※するなど、不正な目的で支払用のカードを所持又は情報取得する罪である。

（ウ）不正指令電磁的記録関連の罪

　　コンピュータウイルス作成、提供、供用※、取得、保管行為を行う罪である。ウイルス作成罪とも呼ばれる。警察庁ではウイルス作成・提供の罪として「正当な目的がないのに、その使用者の意図とは無関係に勝手に実行されるようにする目的で、コンピュータウイルスやコンピュータウイルスのプログラム（ソースコード）を作成、提供する行為」、ウイルス供用罪の罪として「正当な目的がないのに、コンピュータウイルスを、その使用者の意図とは無関係に勝手に実行される状態にした場合や、その状態にしようとした行為」、ウイルスの取得・保管の罪として「正当な目的がないのに、その使用者の意図とは無関係に勝手に実行されるようにする目的で、コンピュータウイルスやコンピュータウイルスのソースコードを取得、保管する行為」としている。

（エ）電子計算機損壊等業務妨害罪

　　コンピュータそのものの破壊や業務用Webを改ざんするなどデータを書き換えたりして、コンピュータを使用した他人の業務を妨害する罪である。

注釈
※**改ざん**：権限を持たない者による情報の書き換え。
※**偽造**：にせものを造ること。（出典：『新明解国語辞典　第七版』三省堂）
※**供用**：人が使用できるような態勢（事に臨むに当たって必要な準備を整えたり、いつでも対応できるような心構えを持ったりした状態）を整えておくこと。
　（出典：『新明解国語辞典　第七版』三省堂）

119

第4章　情報モラル

（3）ネットワーク利用犯罪

　　刑法、児童買春・児童ポルノ禁止法、著作権法などの犯罪において犯罪を敢行する上での手段としてネットワークを使ったものである。(1)、(2)項以外で、ネットワークを使用した犯罪は、ネットワーク利用犯罪となる。

（ア）威力業務妨害罪

　　　威力※を用いて他人の業務を妨害する罪である。人を脅迫する行為がSNSで増えてきた。冗談半分に書き込んでいる人がいるかもしれないが、100%冗談であることが相手に伝わるわけでもなく、許されることではないことを知るべきである。

（イ）偽計業務妨害罪

　　　人を欺いたり錯誤※を与えたりする方法で業務を妨害する罪である。

（ウ）児童買春・児童ポルノ禁止法（児童買春、児童ポルノに係る行為等の処罰及び児童の保護等に関する法律）

　　　児童を18歳未満と定義し、児童ポルノの提供や販売目的の所持を禁止している。児童ポルノを製造する行為も処罰される。買春者は日本国民である場合、国外の行為であってもこの法律で処罰される。

（エ）出会い系サイト規制法（インターネット異性紹介事業※を利用して児童を誘引する行為の規制等に関する法律）

　　　児童を18歳未満と定義し、インターネット異性紹介事業を利用して児童を誘引する行為を規制するものである。つまり、18歳未満を性交渉目的で誘うだけで処罰される。

注釈

※**威力**：相手を恐れさせる、強い力。（出典：『新明解国語辞典 第七版』三省堂）
※**錯誤**：事実に対する適切な判断を誤ること。
　　（出典：『新明解国語辞典 第七版』三省堂）
※**インターネット異性紹介事業**：異性交際（面識のない異性との交際をいう。以下同じ。）を希望する者（以下「異性交際希望者」という。）の求めに応じ、その異性交際に関する情報をインターネットを利用して公衆が閲覧することができる状態に置いてこれに伝達し、かつ、当該情報の伝達を受けた異性交際希望者が電子メールその他の電気通信を利用して当該情報に係る異性交際希望者と相互に連絡することができるようにする役務を提供する事業。
　　（出典：「インターネット異性紹介事業」は、インターネット異性紹介事業を利用して児童を誘引する行為の規制等に関する法律（平成15年法律第83号）第2条第2号）

第4章 情報モラル

（4）検挙件数

警察庁の広報資料（図表4.3.1-2）によると、平成29年(2017年)上半期のサイバー犯罪の検挙件数は4,209件(前年同期比-71件)。不正アクセス禁止法違反は247件(-38件)。コンピュータ・電磁的記録対象犯罪及び不正指令電磁的記録に関する罪は154件(-67件)。ネットワーク利用犯罪は3,808件(+34件)。となっている。

■■ 図表4.3.1-2. 平成29年上半期のサイバー犯罪の検挙状況などについて ■■

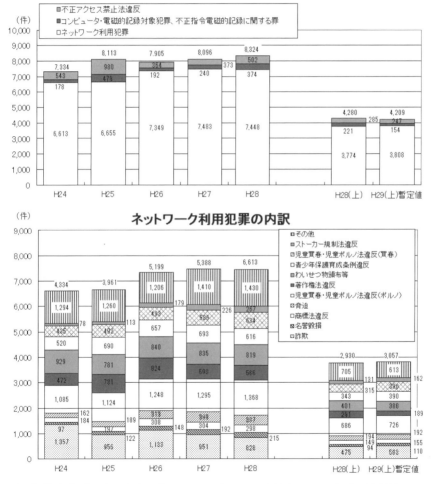

(出典:警察庁「平成29年上半期におけるサイバー空間をめぐる脅威の情勢等について」
　　広報資料　平成29年9月7日)

121

第4章　情報モラル

4.3.2　マルウェア

（1）コンピュータウイルスの定義
　コンピュータウイルス作成、提供、供用、取得、保管行為を行うと不正指令電磁的記録関連の罪となるが、コンピュータウイルスは1995年に制定されたコンピュータウイルス対策基準において以下の定義となっている。

【コンピュータウイルスの定義】
　第三者のプログラムやデータベースに対して意図的に何らかの被害を及ぼすように作られたプログラムであり、次の機能を一つ以上有するもの。

（ア）自己伝染機能
　自らの機能によってほかのプログラムに自らをコピーしまたはシステム機能を　利用して自らをほかのシステムにコピーすることにより、ほかのシステムに伝染する機能

（イ）潜伏機能
　発病するための特定時刻、一定時間、処理回数などの条件を記憶させて、発病するまで症状を出さない機能

（ウ）発病機能
　プログラム、データなどのファイルの破壊を行ったり、設計者の意図しない動作をするなどの機能

　コンピュータウイルスとして、ファイル感染型※、マクロウイルス※、ワーム※、メール悪用型※、トロイの木馬※など知られている。ただし、以上のような条件でないものは、定義からするとコンピュータウイルスと呼べなくなる。後述するスパイウェア、ボット、ルートキット、キーロガーなどである。例えば、キーロガーは開発用に作成されたプログラムが悪用されたものであるため、コンピュータウイルスとは言い難く、悪用されることでコンピュータウイルス扱いになってしまう。本書では「不正かつ有害な動作を行う意図で作成された悪意のあるソフトウェアや悪質なコードの総称」としてマルウェアと呼ぶことにするが、コンピュータウイルスであろうが、マルウェアであろうが定義はあまり気にしないようにしたい。ここで肝心なのは、作成する理由は何であれ悪いものは悪いということをIT技術者は意識したい。IT技術者は悪意があるプログラムは全てマルウェアと考える心構えが必要であろう。

第4章　情報モラル

注釈

※**ファイル感染型（ウイルス）**：ファイルに感染し、そのファイルを実行することによって感染を広げる。

※**マクロウイルス**：表計算やワープロソフトのマクロ機能（特定の操作機能を、自動的に連続実行できるようにする仕組み。操作手順を記録する方法と、マクロ言語で処理手順を記述する方法がある）を悪用して感染を広げる。ファイル感染型ウイルスの一種である。マクロの規則が同じであれば異なるOS間でも感染する。

※**ワーム**：コンピュータウイルスの中で、ネットワーク上で感染を広げていくもの。ネットワームまたは単にワームと呼ぶ。

※**メール悪用型**：電子メール機能悪用型ウイルス。電子メールを媒介として感染する。添付ファイルのウイルスを開くとメーラのアドレス帳などの宛先にウイルスを送信する。メールソフトや、HTMLメールを開くために呼び出すブラウザにセキュリティホールがあればメールを閲覧しただけで添付ファイルが実行される。

※**トロイの木馬**：害のないプログラムを装い、ユーザーが実行することによって感染を広げる。

2012年に大きな話題となったパソコン遠隔操作事件が発生した。真犯人が、インターネット掲示板を介して、全国の少なくとも5人が所有するPCに対して不正な指令を与えて、所有者の認識しないところでPCを遠隔操作し、襲撃・殺害予告を行わせたというものである。IPアドレスが特定された結果4人が検挙されたが、その中のPCがトロイの木馬に感染していることが判明し、誤認逮捕という結果になった。その後真犯人が、複数の新聞機関などに犯行声明メールを送信するなどの行動があり、2013年2月に威力業務妨害容疑で逮捕に至った。一時は無罪を主張し釈放されたが、2014年5月22日に事実を認めた。この事件はインターネットとPCのデータだけでは、犯罪を特定することが難しいこと、そして誰でも遠隔操作の被害にあうということで、情報モラルの大切さを思い知ることになる。

（2）主なマルウェア

（ア）ニムダ

2001年9月に識別されたワームの一種である。GUEST（ユーザー用のアカウント）に管理者権限を付与し、パスワード設定を無効にするため、管理者を示すAdminを逆さ読みしたNimda（ニムダ）と命名された。非常に強い感染力であったためマルウェア対策の必要性を世間一般に認識されるようになった代表的なマルウェアである。

（イ）ボット

「ボットとは、コンピュータウイルスの一種で、コンピュータに感染し、そのコンピュータを、ネットワーク（インターネット）を通じて外部から操るこ

123

第4章　情報モラル

とを目的として作成されたプログラムです。感染すると、外部からの指示を待ち、与えられた指示に従って内蔵された処理を実行します。この動作が、ロボットに似ているところから、ボットと呼ばれています。」

（出典：IPA「ボット対策のしおり」）

（ウ）スパイウェア

「ユーザの行動や個人情報などを収集、CPUの空き時間を借用して計算する。スパイウェアは、『利用者や管理者の意図に反してインストールされ、利用者の個人情報やアクセス履歴などの情報を収集するプログラムなど。』と定義されます。」

（出典：［情報処理推進機構（IPA）と日本ネットワークセキュリティ協会（JNSA）スパイウェア対策啓発WGによる共同の定義］）

（エ）ルートキット

ユーザーに察知させることなく侵入者がシステムへのアクセスを維持することを支援する。ログの改ざんツールや再び侵入できるようにする裏口（バックドア）ツールなど、これら一連のソフトを使いやすいパッケージにまとめたものである。

（オ）キーロガー

コンピュータへのキー入力を監視、記録するツールである。

（カ）ランサムウェア

パソコンを強制的にロックしたり、ファイルを暗号化したりするなど、閲覧できない状態にする。元の状態に戻すために、通常「身代金」要求のメッセージが画面上に出力される。2017年4月～5月にかけて、Microsoft Windowsを標的としたワーム型ランサムウェアとして、ワナクライの感染が世界中で大発生した。

（3）マルウェア対策

（ア）セキュリティパッチの適用

常に最新のセキュリティパッチを適用することでセキュリティホールを塞ぎ、セキュリティホール悪用型ウイルスの感染を防ぐ。

（イ）出所不明のアプリを開かない

誰から送られてきたかわからないファイルを開かない。信頼できないサイト

からファイルをダウンロードしない。メールの添付ファイルを不用意に開かない。

（ウ）USBメモリなどの外部媒体に注意

誰がどのように使ったかわからないUSBメモリなどの外部記憶媒体を使用しない。

（エ）ウイルス対策ソフトの使用

常に最新のウイルスパターンファイルを用いてウイルス対策ソフトを利用する。開く前にファイルを検査するほか、定期的にウイルススキャンを行う。

なお、現行のウイルスパターンファイルを使用したパターンマッチング法では、既知マルウェアの特徴と比較するため、マルウェアが多くパターンファイルが肥大化してきたことで検査時間も長くかかるようになった。

これに対し、ヒューリスティック法（ルールベース法）のように、パターンファイルがないウイルス対策ソフトも現れた。ヒューリスティック法は以下のような検査を行う。

- ・動的な検査：処理実行中に経験に基づいて、挙動不審な動作を察知するものである。例えば、アプリケーションがブートセクタに書き込もうとしている、システム領域に書き込もうとしている、外部にデータを送ろう（流出）としている場合など挙動不審な動作と見なすといったことである。
- ・静的な検査：処理実行前にコードを見て、怪しいコードを察知するものである。

また、近年では、AIを使用したまったく今までとは異なるアプローチの対策も現れた。マルウェアが含まれている多くのファイル構造をAIで分析し、その分析結果をもとにマルウェアの候補を検知し、マルウェアが起動される前に防御する方法である。AIの分析結果は、数式で表される。検査対象のコンピュータ上では、AI学習により更新(フィードバック)された数式が動作する。

（オ）パソコンの安全設定

セキュリティパッチの自動更新、オートラン機能の無効化、HTMLメールをテキスト表示する設定、常に全ファイルの拡張子を表示させる設定などを行う。なお、スマートフォンやPCを他人には使わせないこと。ただし、場合によってはスマートフォンやPCのさまざまな設定をネットワーク管理者や他人に実施してもらうことがあるが、設定後は使用したIDやパスワードを削除あるいは変更し、他人が使用できないようにすること。ネットワーク管理者などのIDやパスワードを登録したままにする場合は、明確なルールのもとに行うこと。

第4章　情報モラル

4.3.3　ハイテク犯罪対策

　2014年4月～6月、国内で少なくとも判明しているだけで1123件の改ざん数（JPCERT/CC発表）となっている。改ざんとは、不正に書き換えられることでありいろいろな目的で改ざんが行われた。改ざんを行うようなものはハッカーとかクラッカーといわれているが、JIS規格ではハッカーは技術に精通している人も含まれるので、本書では確実に悪いことを行うものはクラッカーと呼ぶことにする。

　クラッカーの大半は、いたずら目的であるが悪質なものが増えている。マルウェアを仕込む水飲み場型攻撃では、誰もが今まで見ていたWebサイトにマルウェアが仕込まれている。今までと見た目は同じWebサイトのため気軽にアクセスしてしまうことでマルウェアを自分のPCに呼び込んでしまい被害にあってしまう。

　また、個人情報が盗まれる事件もたくさん発生している。なぜ改ざんや個人情報の漏えいが発生するのか。管理パスワードの漏えい、サーバの設定ミス、セキュリティホールなどいくつか原因がある。特に漏えいの場合、誰が漏えいさせたかすぐに判明すればまだしも、組織内の犯人捜しに及んでしまうと人間関係を悪くし、組織として非常に不幸なことである。そのためにも、万全なハイテク犯罪対策をとっておきたいものである。

（1）セキュリティホール

　セキュリティホールは情報システムの安全面に影響を及ぼすソフトウェアの欠陥であり、欠陥が発見されるとセキュリティパッチ（修正用プログラム）が提供される。しかしセキュリティパッチが発行されるまで、あるいは発行されてしばらくソフトウェアを使う側がセキュリティパッチを適用しないと、セキュリティホールへの攻撃が行われる。この攻撃をゼロディ攻撃という。ユーザーにはゼロディ攻撃を完全に防ぐ方法はない。

　ソフトウェアを作る側は、安全なソフトウェアを作るためにセキュリティホールにはどんな種類があるかを知っておく必要がある。セキュリティホールはさまざまなWebサイトで公開されており情報収集を念入りに行うことが一番大切であるが、そのほかに、技術スキルの高いものであれば、自分がクラッカーのつもりになって自分のコンピュータを攻撃してみるペネトレーションテスト※といった侵入テストを実施することで、セキュリティホールを確認する方法もある。

> **注釈**　※ペネトレーションテスト：既知のセキュリティホールを突く攻撃手法。クラッキングツールなどを用いて自分が運用管理するシステムを攻撃してみるテスト。

第4章　情報モラル

（2）セキュリティホールの攻撃方法と対策

　　代表的なセキュリティホールの攻撃方法には、SQLインジェクション攻撃、クロスサイトスクリプティング、バッファオーバフロー攻撃、セッションハイジャックがある。

（ア）SQLインジェクション攻撃

　　入力フォームから文字列としてSQL文を入力し、SQL文が実行可能なセキュリティホールがあると攻撃されるものである。アプリケーションソフトを開発するものは、セキュリティホールの有無に関わらず、サニタイズ（無害化）する処理を行う。サニタイズは「&」や「>」などの特殊文字を一般的な文字列（記号）に変換することである。

（イ）クロスサイトスクリプティング

　　ユーザーから受け付けたHTML文をそのままWebページに埋め込まれるようなセキュリティホールがあるとそのWebページで想定外の挙動を起こす。例えば、そのHTML文が他のHTMLページにリダイレクト※するようなものであれば、そのWebページは、ユーザーに乗っ取られることになる。これも、SQLインジェクション攻撃の対策と同様にアプリケーションソフトを開発するものは、セキュリティホールの有無に関わらず、サニタイズする処理を行う。

（ウ）バッファオーバフロー攻撃

　　プログラムが入力用として確保したバッファを超えて入力データを受け付けた場合、そのバッファを超えた領域に入力データが書き込まれることを許すセキュリティホールである。その結果、プログラムの動作が保障されなくなる。アプリケーションソフトを開発するものは、セキュリティホールの有無に関わらず、入力用として確保したバッファを超えて入力データを受け付けないプログラムを作成する。

（エ）セッションハイジャック※

　　2つのコンピュータをネットワークで通信するために、セッションキー※を用いて、認証状態を継続させる仕組みをセッション管理という。セッションハイジャックは、セッションキーを盗み、他人になりすまし、通信を乗っ取る攻撃である。

　　セッションキーを漏えいさせない、推測されないといった対策が必要である。

127

第4章　情報モラル

> **注釈**
> ※**リダイレクト**：プログラムの入力元や出力先を通常とは違うものに変更すること。
> MS-DOSやUNIXで採用された機能で、WindowsではMS-DOSプロンプト(コンソール
> アプリケーション)で利用できる。
> 例えば、画面に表示されるはずのデータをファイルとして出力することを、「出力先
> をファイルにリダイレクトする」と言う。
> 　(出典：IT用語辞典　e-Words)
> ※**ハイジャック**：航空機などを乗っ取ること。
> 　(出典：『新明解国語辞典　第七版』三省堂)
> ここでは、通信を乗っ取ること。
> ※**セッションキー**：ネットワークの通信中に通信相手を識別する符号である。セッシ
> ョンID。

4.3.4　認証とパスワード管理

（1）**アクセス管理と認証**

　　情報資産にアクセス可能な権利をアカウントという。情報資産に対しアカウントを
持つ者だけ使用させることをアクセス管理といい、アカウントを持つ者か確認するこ
とを認証という。個人認証とは、自分自身と他の人を区別することであり、個人認証
には、機密性※、責任追及性※、否認防止性※、真正性※がある。アカウントを識別す
るものを識別符号と呼び、認証を継続させるため識別符号を使ってログインする。識
別符号のもっとも一般的なものはパスワードである。そのほかに、PINコード※、ICカ
ード※（ICチップと暗証番号）、USBキー※、バイオメトリクス認証(生体認証)がある。
バイオメトリクス認証は網膜※、顔、指紋、掌紋※、署名、虹彩※、音声といった体の
特徴を認証サーバに登録し、照合するものである。バイオメトリクス認証は、紛失し
ないといった長所と本人拒否率（本人なのに受け入れられない率）、他人受入率（他
人なのに本人と間違える率）で示されるような短所がある。他人受入率を低くすると、
本人拒否率が高くなる。コンピュータはアナログに弱く、人間だったら間違えないが、
コンピュータは間違えるというということを利用し、パターン認識を試して人間を確
認する、画像認証（CAPTCHA）※も用いられている。

> **注釈**
> ※**機密性**：権限を持たないものが情報資産にアクセスできないようにすること。
> ※**責任追及性**：任意のアクセスが誰によって行われたか事後追跡ができるようにする
> こと。
> ※**否認防止性**：アクセス者に対してアクセスした覚えがないと言わせない証拠を持つ
> ようにすること。

128

第4章　情報モラル

※**真正性**：情報が常に本物であることが証明できるようにすること。ユーザーが本物であることを示せるようにすること。

※**PINコード**：認証に用いられる番号。暗証番号、パスコードとも呼ばれることもある。ログインのための認証に使われるほか、携帯端末、SIMカードなどの操作や機能の解除にも用いられる。

※**ICカード**：ICチップ（極小の半導体集積回路）を埋め込んだカードである。従来の磁気カードより偽造が困難で、キャッシュカード、クレジットカード、乗車券、入館証などに応用されている。

※**USBキー**：パソコンを使用するための鍵の役割をするハードウェア。

※**網膜**：眼球の奥の壁にあって視神経が分布している膜。
　（出典：『新明解国語辞典　第七版』三省堂）

※**掌紋**：てのひらの汗腺の出口に相当する部分が、線・点状に高くなって見えるもの。
　（出典：『新明解国語辞典　第七版』三省堂）

※**虹彩**：瞳孔のまわりにある、人種によって異なる色の輪状の膜。瞳孔の開き具合を調節して、眼球内に入る光の量を加減する。
　（出典：『新明解国語辞典　第七版』三省堂）

※**画像認証(CAPTCHA)**：キャプチャ。歪んだ文字を画像で表示し、入力させることで人間であることを確認する画像認識技術である。バイオメトリクス認証(生体認証)の一方式として、画像の比較（画像識別）によって本人かどうかを認証する場合があるためバイオメトリクス認証(生体認証)と混同しやすいので、注意が必要である。

（2）パスワード攻撃

　パスワード攻撃（パスワードクラック）は、他人のパスワードを盗むことである。そして不正ログインし、他人になりすますことが可能となる。パスワード攻撃の方法を（ア）項から解説するが、パスワードは十分な長さと複雑さを持ち、定期的に更新するようにする。また、（エ）項のパスワードリスト攻撃を防ぐためには、同じパスワードを異なるサイトで使いまわさないようにする。なお、マルウェアのボットに感染し、コンピュータが操られ、パスワード攻撃のツールがばらまかれてしまうと、知らないうちにパスワード攻撃に加担してしまうことになる。そうなると、誰が、パスワード攻撃を行った犯人か探し出すことは非常に困難になる。

（ア）ありがちなパスワード狙う攻撃

　パスワードなし、ユーザーIDと同じパスワードで試したり、以下の2013年の「最悪なパスワード」ランキング（2014年1月17日　SplashData 発表）で示されるようなパスワードを試したりする。

　1位　123456

　2位　password

第4章　情報モラル

3位　12345678
4位　qwerty
5位　abc123
6位　123456789
7位　111111
8位　1234567
9位　iloveyou
10位　adobe123

（イ）パスワード辞書攻撃

パスワードとしてよく利用される単語や文字列を保存したファイルを用いて試す。

（ウ）総当たり攻撃（ブルートフォース攻撃）

ありとあらゆるパスワードの組み合わせの攻撃である。理論上は必ず一致するものがある。

（エ）パスワードリスト攻撃

他サイトから流出したIDとパスワードのリストを用いてログインする。同じパスワードを使っているユーザーは、一度、どこかのサイトのパスワードが流出すると、他のサイトでログインされてしまうことになる。ユーザーがIDとパスワードを決めている以上、サイト運営側は対応できない。

4.3.5　人為的脆弱性

情報システムにセキュリティホールなどの不具合がなくとも、人間の故意や不注意により、情報資産を阻害することがある。情報資産を阻害することを脅威という。情報セキュリティは情報資産を機密性（情報資産を漏らさない）、完全性（情報資産を改ざんさせない）、可用性（情報資産がきちんと使える）を保って脅威を起こさせないことである。また、脅威に対する弱点を脆弱性という。

（1）情報セキュリティへの脅威

（ア）機密性が阻害される例

個人情報が記載されている台帳が盗まれる、マルウェアで技術情報が不正にコピーされることで、情報資産の盗聴※、流出※、不正な持ち出しが行われる。

130

第4章　情報モラル

（イ）完全性が阻害される例

　　セキュリティホールをついてWeb改ざんされ不正な情報となることにより企業の信頼を失ったり、不正アクセスでデータ消去されることで業務が阻害されたりする。

（ウ）可用性が阻害された例（アベイラビリティ）

　　さまざまなマルウェアによりプログラムが誤動作することが原因のものや、ボットに感染した踏み台と呼ばれる多数のコンピュータから大量のパケットを同時送信されたりすることなどでサーバダウンやネットワーク妨害となりサービスが停止してしまう。

注釈
　※盗聴：何らかの意図があって、他人の会話の内容を、機器を使うなどしてこっそり聞くこと。（出典：『新明解国語辞典　第七版』三省堂）
　※流出：（大水などで）家・橋などが流されてなくなること。
　（出典：『新明解国語辞典　第七版』三省堂）
　なお、ここでは、情報が目的や方法を問わず外部に流れ出てしまうことを指す。

（2）人為的脆弱性

　セキュリティホールのような情報システム自体の脆弱性のほか、人間の振舞いに対して脅威の弱点となることを人為的脆弱性という。

（ア）故意、悪意、犯罪

　　故意であろうが悪意であろうが、ばれなくても組織で私的な情報資産の利用は問題である。勤務時間中に社員がSNSをやっている、株取引をやっている場合などあきらかに、業務効率が低下すると同時にマルウェアに感染する可能性も大きくなる。ましてや、組織の情報資産を無断で利用し、不正コピーや情報漏えいを行うことで組織の信用失墜となる。でき心でやったことが犯罪行為になってしまう。ニュースにならなければその行為はばれないと考えるかもしれないが、アクセスログが残ったり、監視カメラに残ったりする。掲示板に不正なメールを書き込んでも、匿名※であれば「馬鹿なやつがいる」といわれるだけで済むかというとIPアドレス、ホスト名から個人が特定できるものである。

（イ）モラルハザード

　　モラルは倫理観や道徳意識というようなものであるが、企業を組織する人々

131

第4章　情報モラル

のモラルが低下していることをモラルハザードという。ルールを無視したり、非協力的であったり、犯罪に至らなくとも脅威を引き起こすことになる。権限がないのに（企業の代表者や企業の広報担当をここでは権限のあるものとし、それ以外のものなのに）SNSにおいて仕事で知りえた情報を書き込む事件は後を絶たない。職場のIT環境を私的利用することももちろんルール違反である。自分のSNS上の書き込みは友人などのごく限られた人しか見ないと思ってはならない。SNS上の職業人としての落ち度※を、探すことを趣味にしている人がいることを忘れてはならない。

（ウ）ルールの不備

　　情報セキュリティのルールが不備により、脅威が発生する。形式にこだわり実運用を反映させていない、いわゆる絵に描いた餅※のようなルールの場合、脅威を発生させる可能性が大きい。例えば、管理者、責任者が承認するというようなルールがあったとしても実際に誰が管理者、責任者なのかを具体的に定義していなかったり、定義されていたとしても、該当者がいつも不在で実際には運用できないルールだったりする。

（エ）不注意

　　人間が行うことであり、故意や悪意でなくとも不注意で情報資産を紛失したり、削除操作をしたりすることがある。社用車の扉や管理区画施設の扉の施錠忘れやメールの誤送信などが代表的であるが、不注意があっても脅威を発生させないようルールを改訂し教育を実施したり、機械的に防止したりして脅威を発生させないよう改善していくことが一般的である。不注意で脅威が発生して、是正※措置や予防※措置が本来の担当業務ではない社員が、是正措置や予防措置に時間をかけることは企業として時間とコストなどで非常な損失である。

注釈

※**匿名**：本名を隠す（隠して別の名前をつける）こと。
　（出典：『新明解国語辞典　第七版』三省堂）
※**落ち度**：行き過ぎ・不注意とか、し損じなどのような、人の叱責・とがめに値する不結果（よくない結果）。（出典：『新明解国語辞典　第七版』三省堂）
※**絵に描いた餅**：食べることはできないことから、計画などがどんなにすばらしくても、実現しなければ役に立たないというたとえ。
　（出典：ことわざデータバンク
　　　　　http://www.sanabo.com/kotowaza/arc/2005/03/post_40.html）
※**是正**：望ましくない点を改めること。（出典：『新明解国語辞典　第七版』三省堂）
※**予防**：（病気・災害などを）前もって防ぐこと。
　（出典：『新明解国語辞典　第七版』三省堂）

第4章　情報モラル

（3）人為的脆弱性の対策

　　人間全ての振舞いを分析し、情報セキュリティ対策を考えることは不可能といわざるを得ない。組織ではPDCAサイクルで対策を考えていくのが一般的である。いくつか対策を解説するが、これらを行ったから十分というわけではない。

（ア）従業員採用

　　従業員を採用する際、本人が申告した経歴や資格に誤りがないことを可能な限り確認する。また、情報セキュリティポリシー※教育を実施し、労働条件を規定した労働契約に加え秘密※保持事項を締結する。なお、退職時には、会社からの借用物を返却することやデータ持ち出しがないことをチェックする。

（イ）ルールづくりと教育

　　情報セキュリティポリシーや情報の取扱いに関する実施手順を策定し、従業員に周知し、理解してもらうよう教育する。第三者にて、実施手順が守られているか定期的な確認を行う。第三者は企業内の別部署の要員でも構わない。情報セキュリティポリシーや情報の取扱いに関する実施手順に不都合があれば改善していく。改善した内容も従業員に周知し、理解してもらうよう教育する。

（ウ）施設管理

　　管理区画※を定義し、管理区画ごとに入退出の運用ルールを規定する。ICカードや暗証番号などによるシステム的な認証方法や認証権限を付与するルール、訪問者の入退出のルール※、あるいは最終退場のルール※などを明確にする。

（エ）アカウント管理

　　情報資産について、権限があるものだけがアクセスできるようにする。例えば、本番環境には常時アクセスできる者を決めアクセス権限を付与するのではなく、使用する時間だけ承認するような厳格なアカウント管理が望まれる。退職時、不要となったアカウントを削除したり、暗証番号やパスワードを変更したりすることを確実に実施する。

（オ）記録

　　施設入退出のICカード履歴、サーバアクセス履歴など自動で取得が可能なログはもちろん、資産の持ち出し、持ち込みの記録や訪問者の記録など手動での取得も実施する。手動での記録の場合はできる限り文字を記入せず、同じ内容を頻繁に記録する項目については、チェックマークなどで対応が可能なように

133

第4章　情報モラル

工夫する。

（カ）データの暗号化

　　電子媒体でデータをやり取りする場合は、データを暗号化しておき万が一紛失や盗難にあっても、容易にデータ内容が漏れないようにする。メールの添付ファイルはどのようなデータでも暗号化するよう組織内で習慣付けるとよい。

（キ）メール誤送信防止

　　メール送信ボタン押下時に、宛先や添付ファイルをワンクッション確認したのち送信できるような設定をしておく。一定時間、メール送信側のメールサーバに保管し取り消し可能な仕組みにする方法もある。

注釈

※**セキュリティポリシー**：（security policy）企業全体の情報セキュリティに関する基本方針。広義には、セキュリティ対策基準や個別具体的な実施手順などを含む。どの情報を誰が読み取れるようにするか、どの操作を誰に対して許可するか、どのデータを暗号化するかなど、情報の目的外利用や外部からの侵入、機密漏洩などを防止するための方針を定めたもの。コンピュータウイルス感染によるデータやシステムの破壊や、トラブルによる情報システムの停止、データの喪失などに対してどう対処していくか、といった項目まで含める場合もある。情報セキュリティポリシー。
　　（出典：IT用語辞典 e-Words）
※**秘密**：隠して（一般の）人に知らせたり見せたりしないこと（様子）。
　　（出典：『新明解国語辞典 第七版』三省堂）
※**管理区画**：ここではセキュリティを管理するための区画を指す。執務室、会議室、サーバ室、応接室などをそれぞれ管理区画とし、それぞれにセキュリティの管理レベルを定義する。例えば、サーバ室はセキュリティレベルが高い管理区画とし、限られた者しか入室する権利がなく、応接室はセキュリティレベルが低い管理区画とし、入室する権利を制限しないなど。
※**訪問者の入退出のルール**：管理区画ごとに定める、訪問者の入退出のルール。セキュリティレベルが高い管理区画は入室不可、その次のセキュリティレベルは、従業員が必ず同行するなどといったルールである。
※**最終退場のルール**：最終退場の場合の戸締りのチェックルールや最終退場を示す帳票に最終退場時間や最終退場者を記入するなどのルール。

第4章 情報モラル

4.3.6 ハイテク犯罪の手口

（1）ソーシャルエンジニアリング

　　人間の行動のミスにつけ込んで他人になりすまし個人が持つ秘密情報を入手する方法のことで、IT技術は特に必要としない。電話でサポートセンターに「パスワードを忘れたので教えて欲しい」と演技力を駆使して他のユーザーになりすまし、パスワードなど盗み取る。あるいは、後ろからパスワードを盗み見するショルダーハッキングや、トラッシング※といわれるゴミ箱あさりによる行為によって、機密情報を盗み出す方法もある。

　①　2014年2月滋賀県の高校で付箋に書かれた教諭のパスワードを使って、高
　　校生が成績データや新学期のクラスデータ案を取得した事件があった。3月
　　末に、それを元に作成した個人情報が含まれる新年度のクラス編成表を友人
　　などにLINEで送信し、拡散した。この件は、高校生が教諭のPCを使用した際
　　に、パスワードロックがかかるため教諭が付箋に教諭のパスワードを書いて
　　PCに貼ったことによる。高校生は、そのパスワードを暗記して生徒用のPC
　　でも有効（教諭のIDが使用できた）であったため、興味本位で、成績データ
　　や新学期のクラスデータ案をダウンロードしたのである。

　　　この件は、情報モラルが教諭、高校生ともに欠けていたこと。そして学校
　　の情報セキュリティポリシーの問題として、高校生用のPCが学校の機密とな
　　るべきサーバにも接続が可能であったことが挙げられる。

　②　愛知県内の私立高校において平成25年度に作成した同窓会名簿を、同高校
　　卒業生を騙り購入しようとした事件があった。手口は、過去に発行された同
　　窓会名簿に消息不明として氏名だけが掲載されている男性卒業生を騙り、同
　　窓会事務局に対して同窓会名簿を送るよう依頼した後、信用させるため同窓
　　会費と名簿代を振込んだもの。同窓会事務局が卒業時の連絡先により実父を
　　通じ卒業生本人に確認したことで嘘とわかった。

　　　この件では、同窓会事務局は冷静に対応を行っているので事なきを得たが、
　　欺く側は演技力を駆使して行い相手を急がせたり、焦らせたりするものであ
　　る。

> **注釈**
> ※**トラッシング**：（trashing）技術的な手段によらずに企業などの機密情報を詐取する
> ソーシャルエンジニアリングの手法の一つで、オフィスから出された紙ゴミをあさ
> って、不用意に捨てられた機密情報のプリントアウトを探し出す手口。スキャベン
> ジング ／ スカベンジング。（出典：IT用語辞典 e-Words）

135

第4章　情報モラル

（２）インターネットでの手口

インターネットを利用したハイテク犯罪が後を絶たない。その手口を一部紹介する。

（ア）フィッシング詐欺

ユーザーに信頼されている企業名を使って偽メールを送り、メール内に記載されている偽サイトに誘導して、パスワードを変更させるといったものである。偽サイトは正規サイトとそっくりに作られている。また、偽サイトのURLはO（オー）と0（ゼロ）、w（ダブリュー）とVV（ブイ・ブイ）、m（エム）とnn（エヌ・エヌ）の違いなどを使い簡単に欺くように細工されていることが多い。公式サイトを検索して送られてきたメールの事実があるか確認し、公式サイトから手続きを実施することが大切である。

① 2013年、セガ公式サイトを模倣したフィッシングサイト（偽サイト）を作成した沖縄県の少年が逮捕された事件があった。株式会社セガのサイトでは以下の通り告知が行われている。

　　「現在、SEGA ID管理ページやセガの各ゲーム向けポータルサイトなどを模倣した、フィッシングサイト(偽サイト)の存在が確認されています。
　　これらの偽サイトにアクセスすると、ID/パスワードなどの情報が盗まれる可能性や、コンピュータウイルスへの感染等のおそれがあり、大変危険です。
　　ご利用の際は、アドレス(URL)が正しいサイトであることをご確認いただき、偽サイトを閲覧しないようお願いいたします。
　■偽サイトのURLの例
　　次のようなURLは偽サイトと考えられますので閲覧しないでください。
　　　・http://sega.jp.●●●.org/
　　　・https://gw.sega.jp.●●●.org/　など
　　（出典：セガ公式サイトを模倣したフィッシングサイト(偽サイト)にご注意ください　https://sega.jp/topics/140731_3/)」

（イ）クリックジャッキング

Webページに無害に見えるボタンを配置し、透過※フレームで悪意のあるボタンを重ねておくといった手口である。この手口は、防止のしようがないものである。信頼の認識がないサイトでは、不要なボタン操作は行わないようにしたい。

第4章　情報モラル

（ウ）クッキーを悪用するスパイウェア

クッキーは、サーバ側からPCに書き込む小さなテキストファイルで、IDとパスワードを書き込む場合もある。スパイウェアがPCに侵入することにより、利用者が知らぬ間にインターネットの特定の場所にクッキーの内容を送られてしまう。情報収集が目的のためであり、あえて情報収集することを利用者に認識させるソフトウェアもある。

（3）標的型攻撃メール

主に電子メールを用いて、特定の企業や個人に限定して攻撃するものである。メール受信者が不信や違和感を持たせない内容のメールを送付し、メールや添付ファイルを開くことにより、マルウェアに感染させる。情報漏えいが発生したり、ランサムウェアに感染すると、パソコンを強制的にロックしたり、ファイルを暗号化され閲覧できなくなる。

標的型攻撃メールを100%防御することは難しい。企業ではネットワーク構成や設定の見直しやセキュリティ教育の強化を行い、リスクを低減させる必要がある。

標的型攻撃メールの事例については、厚生労働省「日本年金機構における不正アクセスによる情報流出事案について」

（http://www.mhlw.go.jp/kinkyu/150603.html）を参照のこと。

また、IPAから、実際の標的型攻撃メールを基にした例を用いて、その見分け方を解説したレポートが公開されている。

IPA「標的型攻撃メールの例と見分け方」

（https://www.ipa.go.jp/security/technicalwatch/20150109.html）を参照のこと。

注釈　※**透過**：光や放射能が物の内部を通り抜けること。
　　　（出典：『新明解国語辞典　第七版』三省堂）
　　　なお、ここでは、視覚的に見えないことを指す。

137

第4章　情報モラル

参考文献・参考ホームページ

- 『セキュリティ応用』（畑裕子著　エスシーシー（SCC）発行）
- 『情報と職業：情報産業で働くための必要知識』（山崎信雄編著　丸善プラネット発行）
- 『デジタル社会の法制度』情報処理基礎講座（電子開発学園メディア教育センター教材開発グループ編著　電子開発学園出版局発行）
- 『新・セキュリティポリシー　いい人も悪い人もいるインターネットの世界』情報処理基礎講座（電子開発学園メディア教育センター教材開発グループ編著　電子開発学園出版局発行）
- 火星人来襲！〜ラジオの生放送が起こした1938年の大パニック（ネタ！museum知る蔵campus 2014年2月21日）
  http://www.siruzou.jp/utyuu/6982/
- 「LINE有料化」デマ広がる　運営側はきっぱり否定「1ミリも考えたことない」（ITメディアニュース2012年12月19日）
  http://www.itmedia.co.jp/news/articles/1212/19/news081.html
- 福島・双葉病院にて患者を置き去りにして職員が逃げたという誤報（訂正information 2011年3月20日）
  http://teisei.info/archives/106
- 「ネット炎上」する会社、しない会社（PRESIDENT Online）
  http://president.jp/articles/-/11083
- 「はい、確信犯です」USJ迷惑行為で送検された大学生の不遜…偽の骨折写真まで露出、悪ノリ競争する幼稚な精神年齢（「産経ニュース」2013年8月12日）
  http://sankei.jp.msn.com/west/west_affairs/news/130812/waf13081207010001-n1.htm
- 著作権法違反：NHK写真無断使用　NHK敗訴——札幌地裁（WN.com）
  http://article.wn.com/view/WNATfafcea6229347c44b2db8c910d63a8cb/
- 「Share」を通じたDSソフト違法アップ、2人逮捕（一般社団法人コンピュータソフトウェア著作権協会ACCS　平成21年9月30日）
  http://www2.accsjp.or.jp/criminal/2009/0907.php
- 「マジコン」販売禁止命じる　東京地裁、任天堂の訴え認める判決（ITメディアニュース　2009年2月27日）
  http://www.itmedia.co.jp/news/articles/0902/27/news077.html
- 「公益社団法人著作権情報センター」　　http://www.cric.or.jp/index.html
- 「JIS Q 15001：2006 個人情報保護マネジメントシステム ─ 要求事項」（経済産業省）
- 「ボット対策のしおり」（独立行政法人情報処理推進機構（IPA））
- 「不正指令電磁的記録に関する罪（いわゆるコンピュータ・ウィルスに関する罪）」（警視庁）
  http://www.keishicho.metro.tokyo.jp/haiteku/haiteku/haiteku441.htm
- IPA「標的型攻撃メールの例と見分け方」
  https://www.ipa.go.jp/security/technicalwatch/20150109.html

第5章
情報産業における業務の把握

5.1 情報産業における業務

5.2 プロジェクトについて

5.3 プロジェクトの進め方

第5章 情報産業における業務の把握

5.1 情報産業における業務

　第3章でIT人材に求められる職種について、IPAのITスキル標準をもとに解説したが、システム※開発を実行する際に組織されるプロジェクト※に焦点をあてて、情報産業における業務を解説する。システムについて、本書では特に断りがなければコンピュータシステムを指す。コンピュータシステムは、ある要求※に対してコンピュータを利用して実現させる製品またはサービスである。人がやってきたことに対して、コンピュータを利用して実現させたものといえるであろう。

■■■　図表5.1-1. コンピュータシステムの概念図　■■■

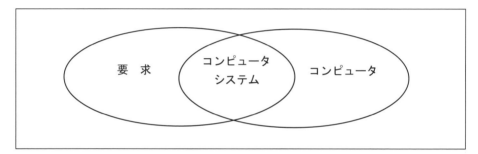

　プロジェクトを組織して実施するものに、ソフトウェア開発がある。ソフトウェア開発における業務、作業区分、作業の統一規格が国際標準化機構（ISO）※によって検討され1995年8月にソフトウェアライフサイクルプロセス（SLCP）国際標準規格（ISO/IEC12207 : 1995）として制定された。これを受けて翌年JIS※化（JIS X 0160）されるとともに、国内での適用を考慮した「共通フレーム98 SLCP−JCF98」としてまとめられた。その後、制定後の国際標準化機構（ISO）による追補版の発行およびWebアプリケーションの普及、超上流プロセスの可視化や信頼性ガイドライン要素などを踏まえて改訂され、2013年2月に「共通フレーム2013」が公表された。5.1.1項では共通フレーム2013の内容をもとに各業務の概略を説明する。

　なお、プロセス、アクティビティ、タスクという用語が頻繁に出てくるが、その内容は「共通フレーム2013」で定義されているものを本節では扱う。「共通フレーム2013」以外では、それぞれ異なった内容のプロセス、アクティビティ、タスクの定義となっていることが必然である。いろいろな場面でこれらの用語が当たり前のように使われていても、慌てることなくどのような内容をそれぞれ呼称しているのか、必ず確認する心構えがIT技術者に必要である。

第5章　情報産業における業務の把握

注釈

※**システム**：一つ以上の明記された目的を達成するために組織された相互に作用する要素の組合せ。「システム」は「ハードウェア」、「ソフトウェア」、「その他設備」から構成される。「その他設備」には、ネットワーク、電源設備、空調設備など「システム」だけでなく「人による活動」でも利用するものが含まれる。

（出典：『共通フレーム2013〜経営者、業務部門とともに取組む「使える」システムの実現〜』(情報処理推進機構技術本部ソフトウェア・エンジニアリング・センター編　情報処理推進機構発行))

※**プロジェクト**：「5.2　プロジェクトについて」を参照。

※**要求**：必要なものとして、その実現を強く求めること。

（出典：『新明解国語辞典　第七版』三省堂）

要望は、何かをして欲しいと望むこと。

（出典：『新明解国語辞典　第七版』三省堂）

　ここでの要求は、経営上の要望（漠然と成果を期待するもの）を「経営上の成果を確実に期待するものとして求める」ものを指す。この要求を、機能や非機能が含まれるシステムに対する要望（ハードウェア、ソフトウェア、運用＝人による行動、の区別はまだ漠然としているもの）として求めるものが、（システム）要件である。

※**国際標準化機構(ISO)**：工業・農業関係などの規格の標準化を目的とする国際機関、また、そこで定めた規格。（出典：『新明解国語辞典　第七版』三省堂）

※**JIS**：日本工業規格。「我が国の工業標準化の促進を目的とする工業標準化法（昭和24年）」に基づき判定させる国家規格です。

（出典：日本工業標準調査会「JIS（Japanese Industrial Standards）とは」）

5.1.1　共通フレーム2013における業務

　共通フレーム2013（以下共通フレームと略す）では、業務、作業区分および作業を表5.1.1-1のように定義している。"注記"は、タスクの作業項目としての例示である。

■■■　図表5.1.1-1.「プロセス」、「アクティビティ」、「タスク」、「注記」関係　■■■

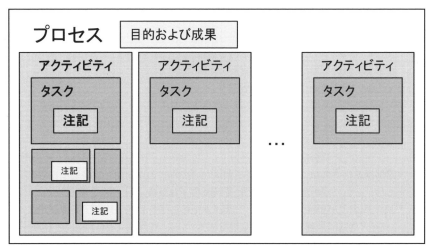

（出典：『共通フレーム2013』）

（ア）プロセス
　「システム開発作業を役割の観点でまとめたもの」と定義されており、一般的には、業務として表現できるものである。

（イ）アクティビティ
　「作業目的ごとにプロセス内の作業を分割したもの」と定義されており一般的には、これを行うことによりある成果が得られるものである。

（ウ）タスク
　「アクティビティを具体的に遂行または支援しなければならない個々の作業」としている。

（エ）注記
　「タスクを構成する要素である」と定義されており「注記は規格でも共通フレームでも例示として扱う」としている。

ここでは、テクニカルプロセスのうち企画プロセス（下位のプロセスとして、システム化構想の立案プロセス、システム化計画の立案プロセスがある）、要件定義プロセス、システム開発プロセス、ソフトウェア実装プロセス、保守プロセスを取り上げて説明する。
　なお、それ以外のプロセスについては参考文献『共通フレーム2013』を参照のこと。

■■■　図表5.1.1-2．テクニカルプロセス、運用・サービスプロセス　■■■

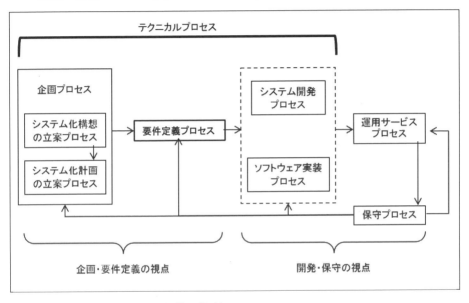

（「共通フレーム2013」を基に作成）

第5章　情報産業における業務の把握

■■■　図表5.1.1-3.　要件定義、システム開発、ソフトウェア実装プロセスの流れ■■■

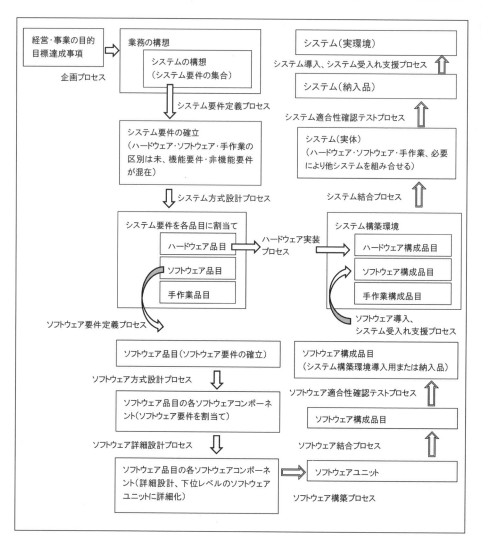

第5章　情報産業における業務の把握

（1）システム化構想の立案プロセス

　　企画プロセスの下位プロセスの一つである。企画者はどのようなシステム化構想を行うか計画し、その計画に従ってシステム化の範囲を立案し、その立案内容を承認する。以下の3つのアクティビティで構成される。図表5.1.1-3において、システム化構想は、経営・事業の目的や目標達成事項について、対象となる業務を明確にした業務の構想（業務を新規に追加する、現行業務を改善する、現行業務を廃止するなど）でありシステム要件の集合（システム要件が項目に区分けされず集まっているもの）である。

> （ア）プロセス開始の準備
> （イ）システム化構想の立案
> （ウ）システム化構想の承認

（ア）プロセス開始の準備

以下の4つのタスクで構成される

・企画作業の組立て　　　　　　　・必要なプロセスの組込み※

・企画環境の準備　　　　　　　　・プロセス実施計画の作成

（イ）システム化構想の立案

以下の7つのタスクで構成される

・経営上のニーズ、課題の確認

・事業環境、業務環境の調査分析

・現行業務、システムの調査分析　・情報技術動向の調査分析

・対象となる業務の明確化　　　　・業務の新全体像の作成

・対象の選定と投資目標の選定

（ウ）システム化構想の承認

以下の2つのタスクで構成される

・システム化構想の文書化と承認　・システム化推進体制の確立

注釈　※**プロセスの組込み**：成果物の文書管理については、支援プロセスの文書化管理プロセス、成果物の構成管理については、プロジェクトプロセスの「構成管理プロセス」、問題点があれば支援プロセスの問題解決プロセス、レビューに関しては支援プロセスの共同レビュープロセスをシステム化構想の立案プロセスにそれぞれ組み込む。以下のプロセスでも同様に、支援プロセスやプロジェクトプロセスから必要なプロセスを組み込む。

145

第5章　情報産業における業務の把握

（2）システム化計画の立案プロセス

　　企画プロセスの下位プロセスの一つである。立案されたシステム化構想を具現化するためにシステム化計画、プロジェクト計画を具体化し、利害関係者から承認を受ける。経営層から承認を得ることで、組織としてシステム化推進が認められたことになる。

　　以下の3つのアクティビティで構成される。

> （ア）プロセス開始の準備
> （イ）システム化計画の立案
> （ウ）システム化計画の承認

（ア）プロセス開始の準備

　　以下の4つのタスクで構成される

- ・企画作業の組立て
- ・企画環境の準備
- ・必要なプロセスの組込み
- ・プロセス実施計画の作成

（イ）システム化計画の立案

　　以下の16のタスクで構成される

- ・システム化計画の基本要件の確認
- ・対象業務の内容の確認
- ・対象システムの分析
- ・業務モデルの作成
- ・対象業務のシステム課題の定義
- ・適用情報技術の調査
- ・システム化機能の整理とシステム方式の策定
- ・付帯機能、付帯設備に対する基本方針の明確化
- ・サービスレベルと品質に対する基本方針の明確化
- ・プロジェクトの目標設定
- ・全体開発スケジュールの作成
- ・費用とシステム投資効果の予測
- ・実現可能性の検討
- ・システム選定方針の策定
- ・プロジェクト推進体制の策定
- ・経営事業戦略、情報戦略およびシステム化構想との検証

（ウ）システム化計画の承認

　　以下の2つのタスクで構成される

- ・システム化計画の文書化と承認
- ・プロジェクト計画の文書化と承認

第5章　情報産業における業務の把握

（3）要件定義プロセス

　　要件定義は、企画をシステムという装置の設計図にしていくための重要なプロセスである。ここで定義されたことがシステムとなる。具体的には、要件定義者は、新たに構築する（あるいは再構築する）業務、システムの仕様を明確化し、それをベースにIT化範囲とその機能を具体的に明示する。また、関連する組織およびシステムに対する制約条件を明確にし、定義された内容について取得者※側の利害関係者間で合意することである。

　　以下の6つのアクティビティで構成される。

> （ア）プロセス開始の準備
> （イ）利害関係者の識別
> （ウ）要件の識別
> （エ）要件の評価
> （オ）要件の合意
> （カ）要件の記録

（ア）プロセス開始の準備

　　本アクティビティでは、要件定義者が行う要件作業（システム化の範囲、規模、および複雑さに適合した要件作業の定義あるいは選択を行う作業）の定義、共通フレーム2013の文書化プロセスで行う成果物の文書化などを行う支援プロセスの実施、要件定義で使用する組織で文書化された標準、方法論などの選択、適用などを行う要件定義環境準備およびこのプロセスのアクティビティの実施計画の作成を行う。

　　以下の5つのタスクで構成される。

- ・要件定義作業の組立て
- ・必要なプロセスの組込み
- ・要件合意および承認ルールの決定
- ・要件定義環境の準備
- ・要件定義プロセス実施計画の作成

（イ）利害関係者の識別

　　本アクティビティでは、要件定義者がシステムのライフサイクルの全期間を通じてシステムに関わる利害関係者またはその種類を定義（利用者※、運用者※、支援※者、開発者※、製作※者、取得者および供給者※の組織など）する。

　　以下の1つのタスクで構成される。

- ・利害関係者の識別

147

第5章　情報産業における業務の把握

（ウ）要件の識別

　本アクティビティでは、要件定義者は利害関係者のニーズ、要望を引き出し、技術的、物理的、社会的、企業方針、組織などの制約条件を認識し、システムソリューション上の制約条件を定義する。また、ユーザビリティの要件を決定し、システムの使用が環境など周辺に及ぼす影響に対処する。

　以下の5つのタスクで構成される。

- 要件の抽出
- 代表的活動順序の定義
- 利用者とシステム間の相互作用の識別
- システムの使用が周辺に及ぼす影響への対処
- 制約条件の定義

（エ）要件の評価

　本アクティビティでは、要件定義者は定義された要件の実現可能性を分析し、必要があれば、システム化計画、プロジェクト計画を見直す。

　以下の1つのタスクで構成される。

- 導出要件分析

（オ）要件の合意

　本アクティビティでは、要件定義者は要件に関する問題（実現できない要件または達成できない要件）を解決し、利害関係者に提案を説明し合意を得る。また、利害関係者要件を利害関係者とともに確立する。

　以下の3つのタスクで構成される。

- 要件の問題解決
- 要件の確立
- 利害関係者へのフィードバック

（カ）要件の記録

　本アクティビティでは、要件定義者はライフサイクルを通しておよびその後も要件管理に適した形式で利害関係者要件を記録する。

　以下の2つのタスクで構成される。

- 要件の記録
- 要件の追跡可能性※維持

注釈

※**取得者**：(acquirer) 供給者から，製品又はサービスを取得又は調達する利害関係者。
　［注記］取得者は，納入先，顧客，所有者及び購入者のいずれであってもよい。
　　　　　（JIS X 0160:2012）

※**利用者**：(user) システムを利用する間、システムからの恩恵を受ける個人又はグループ。
　［注記］利用者又は運用者の役割は、同一の個人又は組織の中で、同時に又は順番に担う。（JIS X 0160:2012）

※**運用者**：(operator) システムの運用を行う実体。
　［注記1］運用者及び利用者の役割は，同一の個人又は組織に対して，同時に又は順次的に，付与される。
　［注記2］この用語定義の中で，実体という用語は，個人又は組織を意味する。
　　　　　（JIS X 0160:2012）

※**支援**：(support) システムやソフトウェアの企画、要件定義、開発、運用、保守を行う主作業とは別に派生する付帯的な作業。文書作成、構成管理、品質保証などが相当する。（共通フレーム2013）

※**開発者**：(developer) ライフサイクルプロセスを通して，開発作業（要求事項分析，設計，受入れテストなどを含む。）を遂行する組織。
　［注記］この規格では，開発者と実装者とは同義語になる。（JIS X 0160:2012）

※**製作**：制作。絵画・彫刻などの芸術作品を個人が、映画・演劇・放送番組などを何人かが協力して作り上げること。
（出典：『新明解国語辞典 第七版』三省堂）
　なお、ここでは、作り上げるものとしてハードウェア品目やソフトウェア品目も含まれていると考えてよいであろう。

※**供給者**：(supplier) 製品又はサービスの供給に関して取得者と合意を結ぶ組織又は個人。
　［注記1］"供給者"は，請負業者，生産者，販売者又はベンダ。
　［注記2］時には取得者及び供給者は，同一の組織に属する。（JIS X 0160:2012）

※**追跡可能性**：(traceability)開発の各段階で作成される設計文書に明確に記述された情報をもとに、要求事項から、ソフトウェア構成品目、ソフトウェア構成要素、さらにソフトウェアユニットにたどれる能力。即ち、ソフトウェアユニットから要求事項にたどれる能力も含む。例えば、システム要求事項の中で規定されたある特定の機能が、ソフトウェア構成品目のどこに具体的に記述されているか追跡できるようになっていることである。さらにそれがどのソフトウェア構成要素に割り当てられているかをたどれる能力をいう。（共通フレーム2013）
　なお、前述の割当てをたどれるようにするため、要求事項は1事項に1つの識別IDが付加できるように分割されることが望ましい。

（4）システム開発プロセス

共通フレーム2013で「システム開発プロセス」とは別に「ソフトウェア実装プロセス」が新設された。これは、ソフトウェア開発の中に一部分としてシステムの概念が入っていたものを、システム開発プロセスとして明確にし、かつシステム開発におけるソフトウェア実装のみでなく、ソフトウェア実装プロセスとして、ソフトウェア製品※またはソフトウェアサービス※を実現する特定のニーズにも適用させるためである(例えば、パッケージやアドオン(拡張機能)などのソフト開発が該当する)。システム開発プロセスの下位のプロセスについて(5)〜(12)項で説明する。

■■■　図表5.1.1-4.　システム開発プロセス、ソフトウェア実装プロセス図　■■■

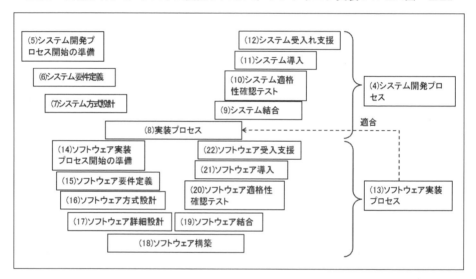

注釈　※**ソフトウェア製品**：計算機プログラム、手続き並びにその関連する文書とデータを含めたまとまり。(JIS X 0160:2012)
※**サービス**：製品に付随した活動、作業または職務の遂行。(JIS X 0160:2012)

（5）システム開発プロセス開始の準備プロセス

以下の1つのアクティビティで構成される。

> （ア）システム開発プロセス開始の準備

（ア）システム開発プロセス開始の準備

以下の5つのタスクで構成される。
- 開始作業の組立て
- 開発環境の準備
- 非納入品目※の使用の容認
- 必要なプロセスの組込み
- 開発プロセスの実施計画の作成

注釈 ※**非納入品目**：（non-deliverable item）ソフトウェア製品の開発で必要となるハードウェア製品又はソフトウェア製品であるが、契約上は納入する必要がないもの。（JIS X 0160:2012）

（6）システム要件定義プロセス

図表5.1.1-3において、システムの構想（システム要件の集合）からシステム要件を確立することを示している。ここでは、まだそれぞれのシステム要件は、ハードウェア・ソフトウェア・手作業の実施手段の区別分けは行われておらず、機能要件・非機能要件が混在している。以下の2つのアクティビティで構成される。

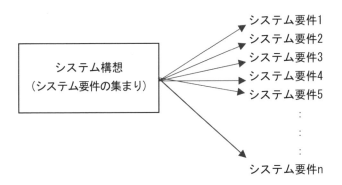

> （ア）システム要件の定義
> （イ）システム要件の評価およびレビュー

（ア）システム要件の定義
以下の1つのタスクで構成される。
- システム要件の定義

（イ）システム要件の評価およびレビュー
以下の2つのタスクで構成される。
- システム要件の評価
- システム要件の共同レビューの実施

（7）システム方式設計プロセス

図表5.1.1-3に示す通り、システム要件をハードウェア品目※、ソフトウェア品目※、手作業品目※に割り当てるプロセスである。以下の2つのアクティビティで構成される。

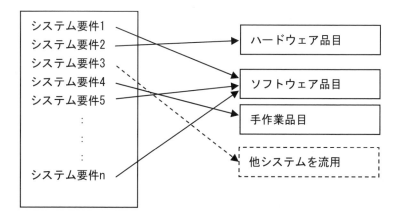

「品目」は要件という「物」を入れる「器」をイメージするとよい。さらに「品目」を保管、取扱い、引渡しなどができる単位に具体的に分けたものを「構成品目」という。

（ア）システム方式の確立
（イ）システム方式の評価およびレビュー

第5章　情報産業における業務の把握

（ア）システム方式の確立
以下の3つのタスクで構成される。
- システム最上位レベルでの方式確立
- 利用者用文書（暫定版）の作成
- システム結合のためのテスト要件の定義

（イ）システム方式の評価およびレビュー
以下の2つのタスクで構成される。
- システム方式の評価
- システム方式設計の共同レビューの実施

> **注釈**
> ※**ハードウェア品目**：ハードウェアの主要な要素を示す。
> ※**ソフトウェア品目**：（software item）ソースコード，オブジェクトコード，制御コード，制御データ又はこれらの品目の集まり。（共通フレーム2013）
> ※**手作業品目**：運用者などが作業する（俗に、コンピュータで対応しない人で対応する作業の）主要な要素を示す。

（8）実装プロセス
　「システム開発プロセス」にシステム要素を実現させるプロセスとして「実装プロセス」が共通フレーム2013で新設された。(13)項の「ソフトウェア実装プロセス」は、その適合例であり、「実装プロセス」を「ソフトウェア実装プロセス」に置き換えてよい。なお、ハードウェア品目は「ハードウェア実装プロセス」において、実装が行われる。

（9）システム結合プロセス
　図表5.1.1-3に示す通り、開発者はシステム構築環境で組合されたハードウェア構成品目、ソフトウェア構成品目と手作業構成品目そして必要により、他システムのハードウェア構成品目、ソフトウェア構成品目を組み合わせる。組み合わせる順番、優先順位を計画し、それに従って結合テストを行いシステム適合性確認テストが実施できるシステム（実体）を作成する。

153

以下の2つのアクティビティで構成される。

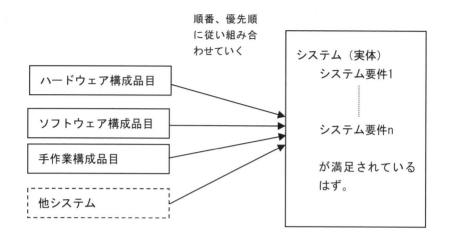

```
 ........................................................
 :（ア）システム結合                                        :
 :（イ）テスト準備およびシステム結合の評価                     :
 ........................................................
```

（ア）システム結合
以下の3つのタスクで構成される。
- システム結合計画の作成
- システム結合テストの実施
- 利用者用文書の更新

（イ）テスト準備およびシステム結合の評価
以下の3つのタスクで構成される。
- システム適格性確認テストの準備
- システム結合の評価
- システム結合テストの共同レビュー実施

(10) システム適格性確認テストプロセス

　システム（実体）が、システム要件の通り作成されているかシステム適格性確認テストを行い、図表5.1.1-3に示す通り、納品物としてのシステムを作成する。以下の1つのアクティビティで構成される。

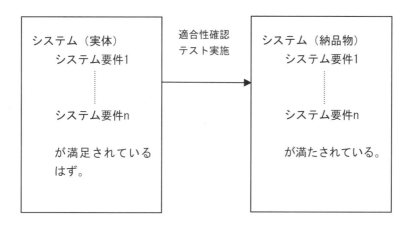

(ア) システム適格性確認テスト
　　以下の7つのタスクで構成される。
　　・システム適格性確認テストの実施　・システムの評価
　　・システム適格性確認テストの共同レビューの実施
　　・利用者用文書の更新　　　　　　・監査の支援
　　・納入可能なシステムの準備
　　・運用・保守に引き継ぐシステムの準備

(11) システム導入プロセス
　開発者は、システムを実際の運用環境にインストールし、動作するか確認する。以下の1つのアクティビティで構成される。

　　(ア) システム導入

第５章　情報産業における業務の把握

（ア）システム導入

以下の2つのタスクで構成される。
- システム導入（インストール）計画の作成
- システム導入の実施

(12) システム受入れ支援プロセス

開発者は、取得者へ教育を行ったりしてシステムの運用を支援する。
以下の1つのアクティビティで構成される。

> （ア）システム受入れ支援

（ア）システム受入れ支援

以下の3つのタスクで構成される。
- 取得者の受入れレビューと受入れテストの実施
- システムの納入　　　　　　　　・取得者への教育訓練および支援

(13) ソフトウェア実装プロセス

ソフトウェア製品またはソフトウェアサービスを実現するプロセスである。ソフトウェア実装プロセスの下位のプロセスについて(14)～(22)項で説明する。

(14) ソフトウェア実装プロセス開始の準備プロセス

以下の1つのアクティビティで構成される。

> （ア）ソフトウェア実装プロセス開始の準備

（ア）ソフトウェア実装プロセス開始の準備

以下の5つのタスクで構成される。
- 開始作業の組立て　　　　　　　・必要なプロセスの組込み
- 開発環境の準備
- ソフトウェア実装プロセスの実施計画の作成
- 非納入品目の使用の容認

156

（15）ソフトウェア要件定義プロセス

図表5.1.1-3に示す通り、開発者は、ソフトウェア品目（既に識別されていればソフトウェア構成品目）に対して、ソフトウェア要件（ソフトウェア要素の要件）を確立する。以下の1つのアクティビティで構成される。

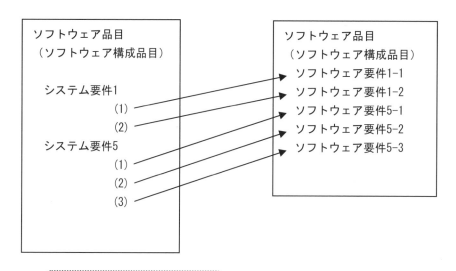

（ア）ソフトウェア要件の定義

以下の3つのタスクで構成される。
- ・ソフトウェア要件の確立　　・ソフトウェア要件の評価
- ・ソフトウェア要件の共同レビューの実施

（16）ソフトウェア方式設計プロセス

図表5.1.1-3に示す通り、開発者は、ソフトウェア要件をソフトウェア品目の各ソフトウェアコンポーネントに割当てする。一例は、一つの実行形式単位を1コンポーネントにする、といった考えである。さらに詳細設計を行うためにコンポーネントをできるかぎり細分化（モジュール、クラス、関数、ユニットなど）する。

なお、ソフトウェアコンポーネントやソフトウェアユニットという用語が頻繁に用いられているが、ここでは、あくまでもその内容は「共通フレーム2013」で定義されているものを本節では扱う。「共通フレーム2013」以外では、それぞれ異なった内容のソフトウェアコンポーネントやソフトウェアユニットの定義となっていることが

必然である。これらの用語がプロジェクト内で当たり前のように使われていても、どのような内容をもって定義しているのか、必ず確認する心構えがIT技術者に必要である。

なお、実行形式ではなく直接ソフトウェア要件に対応しないが、各コンポーネントに組み込む共通ソフトウェアなどを1コンポーネントとして割り当てることもある。

以下の１つのアクティビティで構成される。

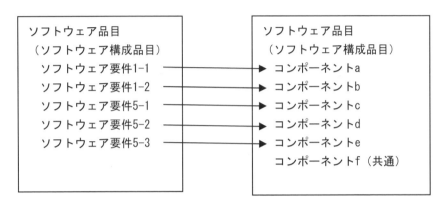

(ア) ソフトウェア方式設計プロセス

　　以下の7つのタスクで構成される。

　　・ソフトウェア構造とコンポーネントの方式設計

　　・各インタフェースの方式設計

　　・データベースの最上位レベルの設計

　　・利用者用文書（暫定版）の作成

　　・ソフトウェア結合のためのテスト要件の定義

　　・ソフトウェア方式設計の評価

　　・ソフトウェア方式設計の共同レビュー

第5章　情報産業における業務の把握

（17）ソフトウェア詳細設計プロセス

　図表5.1.1-3に示す通り、開発者は、ソフトウェア詳細設計ではコンポーネントを細分化したりソフトウェアユニットレベルで詳細設計したりする。全てのソフトウェア要件がソフトウェアコンポーネントからソフトウェアユニットに割り当てられる。以下の１つのアクティビティで構成される。

```
ソフトウェア品目
（ソフトウェア構成品目）
　コンポーネントaの詳細設計
　（実装できるように各ユニットに詳細化）
　　　　　ユニットa1
　　　　　ユニットa2
　コンポーネントbの詳細設計
　（実装できるように各ユニットに詳細化）
　　　　　ユニットb1
　　　　　ユニットb2
　　　　　ユニットb3
　　　　　　　：
```

（ア）ソフトウェア詳細設計

（ア）ソフトウェア詳細設計

　以下の8つのタスクで構成される。
- ソフトウェアコンポーネントの詳細設計
- ソフトウェアインタフェースの詳細設計
- データベースの詳細設計
- 利用者用文書の更新
- ソフトウェアユニットのテスト要件の定義
- ソフトウェア結合のためのテスト要件の更新
- ソフトウェア詳細設計およびテスト要件の評価
- ソフトウェア詳細設計の共同レビューの実施

（18）ソフトウェア構築プロセス

図表5.1.1-3に示す通り、開発者は、ソフトウェアユニットの実体を作成する。以下の1つのアクティビティで構成される。

> （ア）ソフトウェア構築

（ア）ソフトウェア構築

プログラミングを行い、ソフトウェアユニットのテストを行う。そのほか、ソフトウェア結合テスト要件の更新も行う。

以下の5つのタスクで構成される。
- ソフトウェアユニットとデータベースの作成およびテスト手順とテストデータの作成
- ソフトウェアユニットとデータベースのテストの実施
- 利用者用文書の更新
- ソフトウェア結合テスト要件の更新
- ソフトウェアコードおよびテスト結果の評価

（19）ソフトウェア結合プロセス

図表5.1.1-3に示す通り、開発者は、ソフトウェアユニットを組み合わせ、組み合わせる順番、優先順位を計画し、その計画に従いソフトウェア結合テストを行いソフトウェア適合性確認テストが実施できるソフトウェア品目（識別されている場合はソフトウェア構成品目）の実体を作成する。以下の1つのアクティビティで構成される。

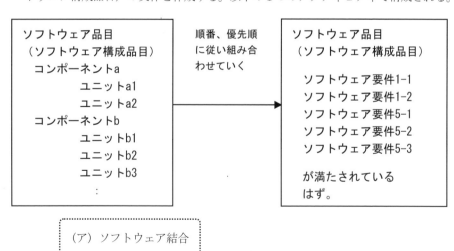

第5章　情報産業における業務の把握

（ア）ソフトウェア結合

ソフトウェアユニットおよびソフトウェアコンポーネントを結合する計画を立て、ソフトウェア結合テストを実施する。計画はソフトウェアユニットをどの順番にテストを行い結合していくかの手順が含まれる。

以下の6つのタスクで構成される。

- ソフトウェア結合計画の作成　　・ソフトウェア結合テストの実施
- 利用者用文書の更新
- ソフトウェア適格性確認テストの準備
- ソフトウェア結合テストの評価
- ソフトウェア結合共同レビューの実施

（20）ソフトウェア適格性確認テストプロセス

ソフトウェア品目（識別されている場合はソフトウェア構成品目）の実体が、ソフトウェア要件の通り作成されているかソフトウェア適格性確認テストを行い、図表5.1.1-3に示す通り、システム構築環境に導入するもの（あるいは納入品そのものとなる場合もある）としてのソフトウェア（実体＝製品）を作成する。

以下の1つのアクティビティで構成される。

```
┌─────────────────────────┐        ┌─────────────────────────┐
│ ソフトウェア品目          │        │ ソフトウェア品目          │
│ （ソフトウェア構成品目）   │        │ （ソフトウェア構成品目）   │
│                          │        │                          │
│ ソフトウェア要件1-1       │        │ ソフトウェア要件1-1       │
│ ソフトウェア要件1-2       │───────▶│ ソフトウェア要件1-2       │
│ ソフトウェア要件5-1       │        │ ソフトウェア要件5-1       │
│ ソフトウェア要件5-2       │        │ ソフトウェア要件5-2       │
│ ソフトウェア要件5-3       │        │ ソフトウェア要件5-3       │
│                          │        │                          │
│ が満たされているはず。     │        │ が満たされている。        │
└─────────────────────────┘        └─────────────────────────┘

    ┌┈┈┈┈┈┈┈┈┈┈┈┈┈┈┈┈┈┈┈┈┈┈┈┈┈┐
    ┊ （ア）ソフトウェア適格性確認テスト ┊
    └┈┈┈┈┈┈┈┈┈┈┈┈┈┈┈┈┈┈┈┈┈┈┈┈┈┘
```

第5章　情報産業における業務の把握

（ア）ソフトウェア適格性確認テスト

以下の6つのタスクで構成される。
- ・ソフトウェア適格性確認テストの実施　・利用者用文書の更新
- ・ソフトウェア適格性確認テストの評価
- ・ソフトウェア適格性確認テストの共同レビューの実施
- ・監査の支援　　　　　　　　　・納入ソフトウェア納入製品の準備

（21）ソフトウェア導入プロセス

実装者※はシステム構築環境（または、実環境そのもの）にソフトウェア製品を導入する。開発者は導入計画に従ってソフトウェア製品を導入する。
以下の1つのアクティビティで構成される。

> （ア）ソフトウェア導入

（ア）ソフトウェア導入

以下の2つのタスクで構成される。
- ・ソフトウェア導入（インストール）計画の作成
- ・ソフトウェア導入の実施

> 注釈　※**実装者**：（implementer）実装タスクを行う組織。
> 　　　［注記］この規格では，開発者と実装者とは同義語である。（JIS X 0160:2012）

（22）ソフトウェア受入支援プロセス

開発者は、取得者へ教育を行ったりしてシステムの運用を支援する。
以下の1つのアクティビティで構成される。

> （ア）ソフトウェア受入

（ア）ソフトウェア受入

開発者は取得者のソフトウェア製品受入れレビューとテストを支援する。開発者は初期および継続的に教育訓練および支援を取得者に提供する。
以下の3つのタスクで構成される。
- ・取得者の受入れレビューと受入れテストの支援

第5章　情報産業における業務の把握

・ソフトウェア製品の納入
・取得者への教育訓練および支援

(23) **保守プロセス**

以下の5つのアクティビティで構成される。

> （ア）プロセス開始の準備
> （イ）問題把握および修正の分析
> （ウ）修正の実施
> （エ）保守レビューおよび／または受入れ
> （オ）運用テストおよび移行の支援

（ア）プロセス開始の準備

保守に必要な成果物を引継ぎ、保守者は保守プロセスに必要な計画を作成する。保守をスタートするにあたり、構成管理を確実に行う。すなわち、どこから保守対象なのかベースラインを明確にすることが必要である。

以下の5つのタスクで構成される。
・保守に必要な成果物の引継ぎ
・計画および手続きの作成
・問題管理手続きの確立
・修正作業の管理
・保守のための文書作成

（イ）問題把握および修正の分析

発生した問題や修正依頼に対して、現行システムに与える影響の分析を行い、修正案を考え修正案の承認を得る。問題には、技術面、管理面、障害の3種類。分析した内容が修正案として採用されなかった情報も蓄えておくことが大切である。

以下の5つのタスクで構成される。
・問題報告または修正依頼の分析
・問題の再現または検証
・修正実施の選択肢の用意
・文書化
・修正案の承認

163

第5章　情報産業における業務の把握

（ウ）修正の実施

どの版の修正を行うのかを分析し、修正を行う。

以下の2つのタスクで構成される。

- ・分析と修正部分の決定
- ・修正の実施

（エ）保守レビューおよび／または受入れ

修正を実施したシステムの完全性をレビューし承認を受けるとともに、保守のための必要な文書を更新する。

以下の3つのタスクで構成される。

- ・修正システムのレビュー
- ・完了の承認
- ・保守のための文書の更新

（オ）運用テストおよび移行の支援

以下の2つのタスクで構成される。

- ・運用テストの実施支援
- ・移行への実施支援

第5章 情報産業における業務の把握

5.2 プロジェクトについて

　プロジェクトは、1969年に設立した世界最大の米国のプロジェクトマネジメント団体PMIにより「独自のプロダクト、サービス、所産を創造するために実施される有期性の業務である」と定義されている。プロジェクト型に相対する業務として、オペレーション型（または定常型）がある。オペレーション型は、同じ活動が継続的に繰り返される業務を指す。期間が定まっておらず、またプロダクト（製品、製造物）も同じものを反復的に作ることになる。プロジェクトは、オペレーション型の業務では扱えない活動を組織的に行うものである。

　PMIではプロジェクトの特性として以下を挙げている。
　　　・有期性
　　　・独自性
　　　・段階詳細化

　「有期性」は、プロジェクトには必ず始まりと終わりがある、ということである。有期性がなければ、それはオペレーション型の業務となってしまう。「独自性」は、同じ製品が生産されるのではなく一つのプロジェクトではそのプロジェクト独自の成果物ができるということである。「段階的詳細化」は、プロジェクトが始まった時点では詳細なレベルまで要素成果物が決まっているわけではなく、プロジェクトが進むにつれて、要素成果物の詳細が決まり、終了する日時（すなわちプロジェクトが解散する日時）も決まってくる、ということである。

　「要素成果物」とは、PMBOK※では「プロジェクト活動の結果、作成されたもの全てで、プロジェクトを完了するために生成しなければならないプロダクト・所産など」と説明している。なお、あるプロジェクトで作られたプロダクト・所産から派生した業務で、機能などの変更を加えただけのプロダクト・所産であるとしても「独自性」があるとみなし、さらに「有期性」、「段階詳細化」も備わっていれば、プロダクト・所産を創造する業務とみなされプロジェクトとなる。

　「PMBOKガイド第5版」では、47個のプロセスがあり、幅広いプロジェクトに適用可能な5個の基本的なプロジェクトマネジメント・プロセス群と10個のプロジェクトマネジメント知識エリアの中にマッピングしている。つまり、ある一つのプロセスはプロジェクトマネジメント・プロセス群のどれか一つとプロジェクトマネジメント知識エリアのどれか一つに同時に分類されている。

　　　5個のプロジェクトマネジメント・プロセス群
　　　　プロジェクトの立上げプロセス群
　　　　プロジェクトの計画プロセス群

165

第5章　情報産業における業務の把握

プロジェクトの実行プロセス群
プロジェクトの監視・コントロール・プロセス群
プロジェクトの終結プロセス群

10個のプロジェクトマネジメント知識エリア
プロジェクト統合マネジメント
プロジェクト・スコープ※・マネジメント
プロジェクト・タイム・マネジメント
プロジェクト・コスト・マネジメント
プロジェクト品質マネジメント
プロジェクト人的資源マネジメント
プロジェクト・コミュニケーション・マネジメント
プロジェクト・リスクマネジメント
プロジェクト調達※マネジメント
プロジェクト・ステークホルダ※・マネジメント

なお、「共通フレーム2013」の用語解説では、プロジェクトは「定められた資源および要求事項に従って、製品又はサービスを作り出すために実施される定義された開始日および終了日がある取組み」と説明されている。

注釈

※**PMBOK**：（Project Management Body of Knowledge）アメリカの非営利団体PMI(Project Management Institute)が策定した、モダンプロジェクトマネジメントの知識体系。「A Guide to the Project Management Body of Knowledge」という書籍にまとめられており、事実上の標準として世界中で広く受け入れられている。PMBOKは4年ごと、ちょうどオリンピックの開催年に改定されている。（出典：IT用語辞典 e-Words）

※**スコープ**：（scope）プロジェクトにおいては、作業の範囲や成果物の制作範囲を指す。

※**調達**：プロジェクトの目的を達成するために必要なものを用意することで、PMBOKでは、プロジェクト内部でまかなえない製品やサービスをプロジェクト外部から取得することを指す。なお、調達するものを用意するために合意することが契約となる。

※**ステークホルダ**：（stakeholder）利害関係者。企業などが活動する上で何らかの関わりを持つ人物や団体などのこと。直接的には株主や債権者、従業員、取引先、顧客、監督官庁などを指すが、事業内容などによっては地域住民や国民、投資家など広い範囲が対象に含まれる場合もある。（出典：IT用語辞典 e-Words）

第5章　情報産業における業務の把握

5.3　プロジェクトの進め方

　プロジェクトを失敗しないためには、プロジェクトを適切に管理することが必要である。プロジェクト管理に失敗した結果、プロジェクトの採算が赤字※となり企業自体の存続に影響することも否定できない。逆にプロジェクト管理に成功したことで、あるいはプロジェクト途中で失敗しかけ顧客に多大な迷惑や心配をかけたが、結果的にリカバリ※ができたことで、顧客から高い評価を受け継続して業務を発注してもらうこともある。プロジェクトをどのように適切に管理するかを体系的に学ぶことついては、PMBOKなどの手法を参考にされたい。ここではプロジェクトの立上げ時、計画時、実行時、終了時での視点でプロジェクトの進め方を解説する。

> **注釈**
> **＊赤字**：収入よりも支出の方が多いこと。また、その数値を示す赤で書いた数字。
> 　（出典：『新明解国語辞典　第七版』三省堂）
> **＊リカバリ**：障害を起こしたコンピュータシステムを元の状態に復元すること。
> 　（出典：『新明解国語辞典　第七版』三省堂）
> 　なお、ここでは、プロジェクトの進捗遅れやプロジェクトの成果物が低品質であるなどの状況を、計画通りのプロジェクト進捗あるいはプロジェクトの成果物を予定通りの高品質の状態に回復させることを指す。リカバリするために、人的資源を投入したり高価なツール（例えば、試験ツールを用いて、試験にかかる日数を削減するなど）を導入したりすることが多く、コストがかかる。

（1）プロジェクト立上げ時

　プロジェクト立上げ後のさまざまな問題発生要因として、案件に対する「見積り誤り」がある。原則プロジェクト体制ができる前の話であるが、プロジェクトの進め方を説明するために切り離せないものと考える。むろん問題が発生することを承知しリスク覚悟で、「見積り誤り」ではなく「組織の戦略」として赤字覚悟で案件獲得する場合があることも付け加えておく。

　なお、「超上流から攻めるIT化の原理原則17ヶ条」（原理原則17ヶ条）を紹介する。プロジェクト立上げ段階でユーザ企業とベンダ企業の役割分担などで考慮する事項に対し、その拠り所となる原則が提言されている。コンパクトにまとめられているが長年IT産業に従事したものにとっては、一言では解説できないことが述べられていると感じるであろう。

第５章　情報産業における業務の把握

「原理原則［1］ユーザとベンダの想いは相反する

　原理原則［2］取り決めは合意と承認によって成り立つ

　原理原則［3］プロジェクトの成否を左右する要件確定の先送りは厳禁である

　原理原則［4］ステークホルダ間の合意を得ないまま、次工程に入らない

　原理原則［5］多段階の見積りは双方のリスクを低減する

　原理原則［6］システム化実現の費用はソフトウェア開発だけではない

　原理原則［7］ライフサイクルコストを重視する

　原理原則［8］システム化の方針・狙いの周知徹底が成功の鍵となる

　原理原則［9］要件定義は発注者の責任である

　原理原則［10］要件定義書はバイブル※であり、事あらばここへ立ち返るもの

　原理原則［11］優れた要件定義書とはシステム開発を精緻※にあらわしたもの

　原理原則［12］表現されない要件はシステムとして実現されない

　原理原則［13］数値化されない要件は人によって基準が異なる

　原理原則［14］「今と同じ」という要件定義はありえない

　原理原則［15］要件定義は「使える」業務システムを定義すること

　原理原則［16］機能要求は膨張する。コスト、納期が抑制する

　原理原則［17］要件定義は説明責任を伴う」

　（出典：IPA『共通フレーム2013』補足説明集　原理原則17ヶ条）

（ア）見積り作成時

　要求仕様作成を顧客が他社に委託した案件で、特に、他社が要求仕様のみを作成し、その後の開発に参加しない場合は、絵に描いた餅のような理想の要求仕様となっている懸念がある。また、開発途中で失敗し再度上位工程からやり直す場合、リスク要素が排除されないまま、顧客が見積りを依頼する案件の場合は、要注意である。以下のような観点で見積りを行い、「見積もった結果をプロジェクト規模により社内でレビューし、承認を行う手続きを明確にする」ことが大切である。

・要求仕様は、顧客自身が主体で作成したものか。要求仕様の質問に対し的確かつ迅速に回答できるものが顧客自身の組織に存在するか。

・要求仕様を顧客自身が理解しているか。トレンド※雑誌に記述されている内容を、前提を理解せずそのまま要求仕様に持ち込んでいないか。

・要求仕様に曖昧な要素はないか（定性的な表現、未発表の技術要素、不明確な運用など）。現行システムと同じといった表現はないか。また、その業界特有の表現がなされている場合も開発側にとっては、曖昧な要素として捉え業界知識が必要な案件なのか判断する。「データのバックアップを行う」の一行をどのように行うのか、運用方法や実現方法を不明確にしたまま開発を

第5章 情報産業における業務の把握

進めたために、そのための追加経費が1億円となった、というケースさえ発生する。

・要求仕様は、予算と見合うものであるか。顧客の理想が大きく予算と見合わない場合は、できないといって予算内から溢れた要件を見積り対象から外すのではなく、オプションとして積極的な提案を行う。

・進捗管理や品質管理などプロジェクトを管理する上で必要な管理工数が含まれているか。また、管理項目をステークホルダに報告する工数は含まれているか。レビューやレビュー後の見直し工数は含まれているか。

・開発途中で失敗し、再度上位工程からやり直しとなった案件ではないか。その場合はやり直しの理由は何か。また、やり直しのため既に設計書が存在するという前提で見積り依頼された場合は、後工程で使える記述レベルの設計書になっているか。

（イ）プロジェクト発足

プロジェクト発足前に、任命予定であるプロジェクトマネージャが見積りに関与する場合もあるが、それはあくまでも営業行為の支援である。顧客と見積り合意し組織からプロジェクトマネージャが任命されプロジェクトが正式にスタートする。プロジェクトで戦略を策定したのち(2)項のプロジェクト計画に入る。なお、いきなり計画書の作成（明示的な計画文書）に入ることも実際は多い。しかし計画書を作成するために、プロジェクトマネージャやプロジェクトの立上げに関わるメンバーは文書にしないまでも、以下のような前提を特定し、今回のプロジェクトではどのような戦略（計画を策定する上での拠り所となるもの）で実施していくか考えているものである。

・会社や部署の方針

会社の方針が各部署に落とされ、そしてプロジェクトは会社や部署の方針に従い、プロジェクト方針が決定されるものである。例えば、その会社で新技術の売上を伸ばす方針を掲げたことで、その新技術（まったく初めて扱う技術）を扱う案件を実施する場合と元々の保有している技術の案件を継続して実施する場合で、プロジェクト計画は大きく変わる。

なお、会社や部署の方針に反する案件を実施する場合もある。その場合、見積り段階までには実施する理由を明確にし経営層に対し承認を得ることになる。

いずれにせよ、プロジェクト方針はプロジェクトに関わる要員にチームワークを図るためにも可能な限り全員に周知されるとよい。

・適用する標準類

一からプロジェクト計画を作成するためには、非常に大きな人力を要する。

169

第５章　情報産業における業務の把握

それを回避するためプロジェクトに適用する標準類（規約書、手順書、ベースライン※となる数値、計画書・設計書・報告書などの雛形などを指す）を以下の流れで、特定するとよい。

① 会社や部署に標準類があれば、基本はそれに従う。この標準類はISO規格（共通フレームも含む）などを大元にしている場合が多いのではないかと思われる。

参考までに、「共通フレーム2013」には、以下の記述がある。

「5.2　共通フレームで取り決めていないこと
(1) 文書化の詳細を規定しない
　　共通フレームは、文書の詳細な規定は行っていない。したがって、共通フレームを適用する組織又はプロジェクトでは、それぞれの特性に応じて文書化の規定を設ければよい。
(2) ソフトウェアの尺度を規定しない
　　共通フレームは、ソフトウェアの尺度についても規定しない。信頼性レベル、保守性レベル等のソフトウェアの属性の定義は、共通フレームの利用者が行うことになる。共通フレームは、ソフトウェアの属性を規定するための手段を提供しているだけである。共通フレームを利用する人達が、例えば品質特性※に関する規格を利用して、自社の標準に組み入れていけばよいということになる。」

② プロジェクトの特性により、会社や部署の規格類をテーラリング※する。テーラリングの範囲、承認行為を含む手続きなどを定めたテーラリング規約があるとよい。参考までにどのプロジェクトも同じ内容のテーラリングばかり行う「特定の項目」がある場合、もはやその項目の内容は標準ではなく、テーラリングしている内容を標準とするような手続きもテーラリング規約にあるとよい。

③ 顧客指定の標準があれば、①または②と顧客指定の標準を調整する。見積り条件として標準類が明確になっている場合もある。

④ ①〜③項に該当しなければ、ほかのプロジェクトやISO規格（共通フレームも含む）などの標準類を参考にして、プロジェクト独自の標準類を策定し用いることになる。

・プロジェクトを取り巻く環境
技術動向、市場動向、法律変更などの外的要因や組織内の他プロジェクト要員や設備の動向などの内的要因を識別し、プロジェクトを取り巻く環境を

第5章　情報産業における業務の把握

把握した上で、リスク（好機、脅威）対策をなるべく早い段階で計画に組み込むとよい。リスクについては181ページで述べる。

注釈

※**バイブル**：その分野で権威のある書物や、個人が常に指針を求めて読み返す一冊の本。（出典：『新明解国語辞典 第七版』三省堂）

※**精緻**：（せいち）細かいところまで注意が行き届いていて、よく出来ている様子。（出典：『新明解国語辞典 第七版』三省堂）

※**トレンド**：世の中の動きや流行の様式。（出典：『新明解国語辞典 第七版』三省堂）

※**ベースライン**：（baseline）基線、基準線、基準値などの意味を持つ英単語。（出典：IT用語辞典 e-Words）

※**品質特性**：品質を評価する基準であり、例えば、ソフトウェアの品質特性については、ソフトウェアの品質特性モデル（JIS X 0129-1(ISO/IEC9126)において、機能性、信頼性、使用性、効率性、保守性、移植性の6つの特性と、それぞれの品質特性をさらに細分化した21の副特性が定められている。

※**テーラリング**：（tailoring）（洋服の)仕立て、仕立て直し、という意味の英単語。ITの分野では、業務プロセスやシステム開発プロセスなどについて、一般的あるいは全社的な標準を元に、個別の部署やプロジェクトに合った具体的な標準を策定すること。（出典：IT用語辞典 e-Words）

（２）計画、実行時

(1)（イ）項の戦略に基づいて、プロジェクト計画を立てプロジェクトを実行していく。PDCAサイクルに従って実施していくことになる。ここでは、特に理解すべき項目として、体制と役割、コミュニケーション管理、プロジェクト・チーム育成、プロジェクト・チーム管理、ステークホルダ管理、構成管理、品質マネジメント、文書管理、問題解決管理、リスク管理の10項目について解説する。

（ア）体制と役割

プロジェクトマネージャは、プロジェクトが高いパフォーマンスで機能するように、体制を考える。まず、組織図を作成する。組織図はあくまでも組織を表した図であり要員に依存したものではない。誰をアサインするかということを並行して考えるとしても、今回のプロジェクトの戦略に基づきチーム（組織）を検討する。例えば、新技術を使用するプロジェクトの場合では、アプリケーションを制作するチームとは別に、フィージビリティ※を行い、その結果得た情報をプロジェクトに展開するといったチーム(組織)を独立して設けるといったことである。組織図の作成とともに、各チーム（組織）に対する役割と責任を定義する。

171

第5章　情報産業における業務の把握

　次に、プロジェクトマネージャはプロジェクト・メンバーを実際に選考し（もちろん、プロジェクト立上げ前から並行して選考〈予定〉していくことが多い）、組織図に対して具体的に要員をアサインした体制図（運用図）を作成する。組織図にて各ポジションの役割と責任が既に定義されているため、アサインされた要員は自ずとそのポジションの役割と責任が与えられる。選考する段階で、役割と責任を十分に説明し理解してもらうことは当然必要である。

　実行途中で、予定外の作業が入った場合は速やかにプロジェクトマネージャを中心に体制と役割、責任を見直すことが大切である。たまたま気の利く人が対応していたため表面化していないことで、プロジェクトの組織として何もしないままになってしまうこともある。特に進捗遅れもないのにプロジェクトがバラバラであるとプロジェクトメンバーが感じた時は、体制と役割、責任が不明確になっている場合が考えられる。プロジェクトとして円滑に実行する上では体制と役割、責任を見直す姿勢が必要である。また、「プロジェクトマネージャは、実業務をプロジェクトリーダに任せ、後述するプロジェクト・チーム管理、ステークホルダ管理の役割に専念できること」が理想である。

第5章　情報産業における業務の把握

■■■ 図表5.3-1　体制図（運用図）の例　■■■

役割	Pmgr	リーダ（開発）	リーダ（試験など）	B開発担当	C開発担当	D開発担当	試験担当
会社報告	◎						
ユーザ報告	◎	○	○				
リーダ会議	◎	○	○				○E2（議事録作成）
障害管理			◎				○
品質管理			◎				○
新人教育担当				◎B4	◎C3		
構成管理	◎		○				○E2（議事録作成）
労務管理		○	○				
外注管理			◎				○D2
-----	---	---	---	---	---	---	---

（凡例）◎：主担当（担当項目の責任者）　　○：担当

責任者
xxxx部長

Pmgr：A1

リーダ（開発）：B1
B開発担当：B2、B3、B4、新人1（8月から）

リーダ（開発）：C1
C開発担当：C2、C3、新人2（8月から）

リーダ（開発）：D1（DD処理はS社に委託）
D開発担当：D2、D3、D4、D5

リーダ（試験など）：E1
試験担当：E2、B2（兼任）、C2（兼任）、D2（兼任）

要員の選考基準は、資格要件、過去の経験、個人的関心、個人的性格、調達可能度などがある。

・資格要件

　プロジェクトマネージャ、プロジェクトリーダ、障害管理担当、品質管理担当、新人教育担当、構成管理担当、外注管理担当、労務管理担当などの役割にアサインされるための条件である。例えば、「受注額1億円以上の場合、プロジェクトマネージャは課長以上の役職とする。」、「品質管理担当は、社内の品質セミナーを受講した結果、品質保証部の部長が認めたもの」といった条件である。

・過去の経験

　経歴書などをもとに、資格、技術の保有状況や担当してきたプロジェクトは何かである。アサインする役割に対して若干技術が足りない要員でも、成長させるためサポートを考慮した上で意図的に選考することもある。

・個人的関心

　プロジェクトの要員同士、中には初顔合わせの場合もある。開発するシステムに対して関心があるか、勤労に関する価値観はどうか、趣味は何かなどである。趣味については、一見プロジェクト体制と関係ないように思えるが、特に長期間のプロジェクトでは思わぬところでチームをまとめる要因になることもある。

・個人的性格

　プロジェクトの要員同士性格が合う合わない、活発な性格、コミュニケーションが苦手であるが地道に解析作業することは得意などである。性格が合わないもの同士が同じプロジェクトに参加することは決してダメではなく、競わせるなどそれを利用することを考えた上で選考することは、プロジェクトマネージャの腕のみせどころかもしれない。

・調達可能度

　体制図にアサインしたい要員が、いつでもアサイン可能というわけにはいかない。ほかのプロジェクトにアサインされていてそれが終了したらアサイン可能という場合がほとんどであろう。プロジェクトマネージャは常にほかのプロジェクト状況（委託先の状況も同様）を知る必要がある。ほかのプロジェクトに参画中であるが、どうしてもそのプロジェクトのこの人が必要な場合は、その要望を会社、組織にエスカレーションすることもある。自分のプロジェクトにアサインできるかは、プロジェクトマネージャの「絶対プロジェクトを成功させる」といった情熱に左右される場合もある。

（イ）コミュニケーション管理

あらゆるプロジェクト情報について、生成、収集、配布、保管、検索、廃棄を適時,適切かつ確実に行うため、コミュニケーション管理の計画を立てる。

一例として、実施する予定のタスクに対して計画したスケジュールの進捗状況を考えてみよう。

- ・**生成**：プロジェクトメンバーがタスクを実行することによって実績が発生する。
- ・**収集**：タスクの実行結果は、あらかじめ計画した手順とツールによって、プロジェクトメンバープロジェクトリーダ→プロジェクトマネージャへと収集されステークホルダごとに必要な進捗報告書に編集される。
- ・**配布**：あらかじめ計画した伝達方法、伝達経路、伝達先、伝達頻度に従って、進捗報告書を配布する。伝達した記録として送付記録や打合せ議事録を必ず残すようにする。また、必ず一人のステークホルダではなく、複数人に伝達すること。一人だけに伝えると意図的ではなくとも「もらった記憶がない。知らない。」ということがある。
- ・**保管**：各人の進捗状況やプロジェクトの進捗報告書をあらかじめ計画した手段（電子媒体であればアクセス権限を定めたサーバ、紙媒体であれば鍵のかかるキャビネットなど）で保管する。
  世代管理※が必要な情報の場合は、何世代まで保管するかも計画し実行する。
- ・**検索**：いつ収集したデータか、いつ配布したデータか、すぐに検索し取り出せるようデータを識別するルールを計画（フォルダ名、ファイル名、バージョン※名など規定する）し、それに従って各人の進捗状況やプロジェクトの進捗報告書を収集し、保管しておく。
- ・**廃棄**：進捗状況や進捗報告書について、プロジェクト終了後の保管期間を設定し、それが過ぎたらあらかじめ計画した手続きで削除、廃棄する。
  顧客から借用した情報の場合は返却することも一つの方法である。また、プロジェクト途中でも、世代管理を行っている場合など、保管期間を過ぎたバージョンの情報について、削除、廃棄する。

また、チームワークを高めるために必要な共有情報（プロジェクト方針や技術情報など）を周知する手段をコミュニケーション管理で計画し、実行する。情報が特定メンバーに偏ったり、中途半端に伝わっていたりしてはならない。また、プロジェクトとして良くない情報も伝えた方がかえってよい場合も多い。

周知する手段として、例えばプロジェクト全体会議（開始時、終了時および

第5章　情報産業における業務の把握

定期的な開催）の実施や電子掲示板やメーリングリストの利用がある。

　メーリングリストを利用する場合、最初に誰宛てに同報※されるのかを明確にする。誰宛てに同報されるのかを知らず、うかつにメーリングリストに返信したことで内部事情を広めてしまい大問題になることがある。また、情報連携のための周知事項であればよいが、メーリングリストを使用して作業を依頼する場合は、メール本文に作業内容に対する担当者を明確に記載すること。また、CC※で伝えた人には、伝わっていないと基本的に思ったほうが無難で、特に受信メールが多い人は、CCメールをまったく見ない（無視する）こともある。重要な事項や緊急の事項については、メールだけでなく確実に相手に情報が届き内容を理解されたか電話などで確認する。

　緊急障害対応などが発生した場合、掲示板（電子掲示板や事務所内のホワイトボードなど）を使い、誰がいつまでに何をするか（アクションアイテム）を記載する。対応できたら完了マークを入れるなどで、一目で全員が対応の進捗状況を知ることができる。

（ウ）プロジェクト・チーム育成

　プロジェクトマネージャは、プロジェクトを予定した計画通りに実行し、予定していた売上、利益を確保することが使命である。そのほかの使命としては、チームの全体的な能力を向上させることである。プロジェクトの開始前と終了後でプロジェクトメンバーの能力が横這いであった場合は、プロジェクトマネージャとして高い評価は得られない。プロジェクトの開始前と終了後でメンバーの結束が強化されておりメンバーのコンピテンシー※が少しでも高まっていなければならない。そのために、教育、チーム形成活動といったことをプロジェクトマネージャは考慮する。プロジェクトメンバーを育成していないと、いつまでたっても作業の負荷分散ができず、作業負荷の高い要員が固定されることになる。また、プロジェクトメンバーはこのタスクは自分にしかできないと決めつけず、ほかのメンバーを信頼し任せることにより、自分はより上の技術や業務に挑戦するようにしたいものである。

・教育

　全てのタスクにそのタスクを十分にこなせる要員をアサインすることができないことが多いため、単にやむを得ず技術が足りない要員をサポート前提でアサインすることも結果的に教育といってよいが、ここでの教育は特に意図的に若干難しい技術や知識が必要と思われるタスクに対して、成長を促すため挑戦させることを意味する。具体的な教育方法は、タイムリーに社内教育ができないため、書籍で独学させる機会を設けたり社外技術セミナーに参加させたりするといったOff -JT(Off theJob Training) と、実際に指導者を

つけタスクをこなしながら育成するOJT(On the Job Training)がある。いずれにしても、単にスケジュールをこなしたという結果だけでなく、プロジェクトマネージャやプロジェクトリーダあるいは指導者は、定期的な習熟度の報告を受けたり、作業を実施している様子を観察し自力で作業している度合をみたりするなどして、教育効果を確認する必要がある。

　また、業務経験の少ない若手社員を議事録作成担当として打合せに参画させることも教育機会として利用される。議事録を作成するために自ずと内容を理解する行動をとるものである。ただし、特に顧客との打合せで若手社員を議事録作成担当として連れていくことで（顧客にその旨了解を得るものの）議事内容に漏れが生じたり、議事録記載時間を確保するため打合せをストップさせたりすることがないように注意する。

・チーム形成活動

　いつも気心の知れたメンバーでプロジェクトを形成する場合は別として、中には初顔合わせの要員の場合もある。お互いに過去の開発してきたシステムの状況（環境）や個々の性格を十分知らないままプロジェクトを進めると解釈の不一致などで思わぬ弊害が起こってしまう。そのため、早く要員同士の意思疎通ができ、お互いに協力できるようプロジェクトマネージャはチーム形成活動を行う。例えば、プロジェクトが開始されてから、コミュニケーション管理で計画した会議体以外に、意識的に要員同士の話し合いの場（テーマは、技術要素に関する情報交換など）を多く設ける、といったことである。また、試験ツールに興味があるメンバー同士で組織図によらないチームを一時的に作り、「試験ツール選定」といった特命テーマを与えて、活動させるような試みもある。

（エ）プロジェクト・チーム管理

　プロジェクトメンバーに技術力不足、業務知識不足があったとしても(ウ)項のプロジェクト・チーム育成でほぼ対応できる。しかし、それだけでは対応できないことがある。また、いくらパフォーマンスの高いメンバーを揃えても、意外とプロジェクトは成功しないことがある。相手の立場を理解できずコミュニケーションが不足したり、ほかのプロジェクトメンバーの何気ない行動により、あるプロジェクトメンバーの士気※を下げたりすることがあるかもしれない。プロジェクトメンバーの作業や態度を観察し、問題があれば課題として取り上げ、課題を解決し、対策を講じることが、プロジェクト・チーム管理である。問題そのものは要員自身に依存して発生することが多いであろうが、要員に依存しない是正措置、予防措置を提案していく。例えば、あるタスクで、担当メンバーが有識者※への確認が遅かったため、実績遅れとなった問題があったとする。

第5章　情報産業における業務の把握

有識者への確認さえできていれば、スキル上まったくそのプロジェクトメンバーが対応できるタスクである。その解決策としてプロジェクトリーダが担当メンバーに「ギリギリに確認するのではなく、スケジュールを意識して早めに有識者に確認しなさい」と注意しただけではまた再発するであろう。「いつも有識者が忙しくて確認する機会を逃してしまった。(声をかけづらかった)」のであれば、1日1回プロジェクトの手続きとして有識者に確認する場を設けたり、プロジェクトメンバーがサーバ上に確認項目を記載したり、プロジェクトリーダがまとめた上で責任を持って有識者に確認したりする、といった措置を講ずる。

（オ）ステークホルダ管理

　　ステークホルダ特に顧客との良好な関係を築くために、顧客のニーズを満たすことを考え、課題を解決していく。(イ)項で解説したコミュニケーション管理の一つであるが、ここでは順調にプロジェクトが活動されている場合ではなく、プロジェクトとして顧客に迷惑、心配をかける事態が発生しそうな場合について、いかに顧客に対して接するかを解説する。

　　顧客と意見が異なった場合や課題が発生した場合は、課題管理表で管理するとよい。課題管理表には発生日や発生内容、解決した場合は結果と解決日の記載は必然であるが、発生時にはいつまでに解決するかの対応予定日の記載、対応途中では誰が対応中かを含め対応経過を記載するとよい。新しい対応予定日が過ぎても解決しない場合は、放っておかずあらためて対応策、対応予定日を協議する。その際、安易に変更してはならないという意味合いで前に設定した対応予定日を残すこと。新しい対応予定日で上書きしてはならない。解決した場合は、承認行為を実施する。対策は定量的な根拠で示すことを考える。リカバリがうまく取れると、これが好機となり顧客に好印象を与える場合もある。

　　また、障害などで緊急を要する場合は速やかに事象、原因、対策（是正措置、予防措置）を報告する。すぐに原因が判明しない場合は、速報として事象を報告し、次回報告する日時や報告サイクル（1日3回、朝9:00、昼:13:00、夕方17:00など）を必ず明確にする。原因、対策（是正措置、予防措置）ができ、顧客が承認するまで報告を続ける。都合が悪いことの報告は気が進まないものであるが、速やかな報告を心掛けることで、顧客も味方になり連携して早い対応をとることができる。逆に顧客への報告が遅く原因もわかっていないと「今まで、何をしていたのか？」ということで不信感を持たせることになる。

（カ）構成管理

　　構成管理とは、システムの構成やプロジェクトにおける成果物を管理することであるが、構成品目、いわゆる構成管理する項目を明確にしなければならな

第5章　情報産業における業務の把握

い。構成品目が明確でなければ正式に構成管理をしていると言い難い。まず何を構成品目にするか品目名、品目種類を定義する。例えば、品目名はシステム方式設計書、ソフトウェア詳細設計書、納品ソフトウェアであり、品目種類は、モジュール、テストケース、文書、物理媒体、データなどである。

　そして、開発ベースライン※を定め構成品目に対して、構成管理を開始する。例えば、格納場所、管理方法（構成管理ソフトウェアの使用など）、バージョン名、構成ステータス（未作成、作成中、レビュー中、テスト中、リリース済みなど）、リリース対象区分（リリース対象、非対象、いつのリリース対象かなど）を対象とすることにより管理を行う。そしてリリース・納品作業では、どの構成品目を実際に対象とするか確認し、構成品目とリリース・納品物の履歴を追えるようにすることが大切である。

　つまり、リリース・納品物がどの構成品目で作成されたか、どのバージョンの設計書から作成され、どのプログラムがリリースされたのか、どの環境で試験されたのかなど確実に判断できることである。

（キ）品質マネジメント

　品質マネジメントと品質管理を混同しがちであるため、（キ）項の名称を品質マネジメントとした。「品質マネジメントシステム—基本及び用語（JIS Q 9000）」では、品質マネジメントを「品質に関して組織を指揮し、管理するための調整された活動。」と定義し、注記として「品質に関する指揮及び管理には、通常、品質方針及び品質目標の設定、品質計画、品質管理、品質保証及び品質改善が含まれる。」とある。ここでは、品質管理と品質保証の違いを理解されたい。

・**品質管理**

　　品質計画で定められたベースライン(基準値)に達しているかをチェックし、達していなければ、その原因を除去し改善していく。

・**品質保証**

　　品質計画で定められた手順や基準通り（ベースラインに達するように）にプロジェクトが実施されたかをチェックし、実施されていなければ改善する。品質管理の手順も品質保証の一つである。たまたま、品質管理の結果、ベースラインに達しているプロダクトが出来たとしても、品質計画で定められた手順に従ってプロジェクトが実施されていないのであれば、品質保証されているとはいわない。たまたま品質の良いものが出来ただけであり、常に品質の良いものができる保証はないと考える。ただし、逆に、品質計画で定められた手順に従ってプロジェクトを実施しなくとも、常にベースラインに達しているものができるのであれば、品質計画で定められた手順に無駄な作業があるということである。ベースラインを見直したり、手順を簡略化したりす

179

第5章　情報産業における業務の把握

べきである。また、品質管理の結果、ベースラインに達していないものがあったとしても、品質計画で定められた手順通りに原因を除去し品質改善がされたのであれば、品質保証されているといえる。

（ク）文書管理

　明確には述べられないが、ソフトウェアライフサイクルモデル（ソフトウェアライフサイクルプロセスISO/IEC 12207は1995年策定）の概念が浸透していなかった頃は、例えば納品物としてシステムモジュールと操作説明書だけの場合は、開発途中で作成する文書は、プロジェクトメンバーが理解できるメモ程度の内容だけのプロジェクトも多々あったように思う。開発途中の所産は費用削減のため、見積りから削られることもあった。

　プロジェクトの立上げ時、適用する標準類を特定するという考えが浸透し文書の雛形とその雛形の記載項目を定義したガイド類が充実してきた。文書管理標準といった規定書では、文書の新規作成や改訂の手続き（文書番号、承認者の定義、世代管理のルール、保管、廃棄のルールなど）を決め、ガイドでは記載内容のほか、フォントや段落の指定など文書の体裁を定めることもある。さらにガイド類に沿って文書が作成されているかチェックリストで確認することにより、作成者に依存しない一定品質の文書を完成させる工夫が行われている。このような文書が作成されることでプロジェクトメンバーの情報共有の認識が高まり、要員の新規参画や要員交代におけるプロジェクトメンバーのプロジェクトへの理解度が早くなる。文書を作成せず口頭などで仕様説明を済ますと一見作業が早く進むように見えるが、問題が発生した場合、その問題の原因特定などで逆に大きな時間をかけてしまう。また、何が正しいか第三者にはまったくわからなくなる。

　顧客からの急ぎの電話依頼があった場合、対応するとしても別途依頼文書をもらうようにする。本来あるべきではないが担当者間で上下関係のあるような取引では、悪気はないとしても文書では絶対依頼しない顧客（の担当者）もいる。口頭でのやりとりで急ぎの場合は、後追いでも確認メールを顧客に送信し、文書として依頼内容が残るようにする。

（ケ）問題解決管理

　プロジェクトで扱う問題には、管理面での問題、技術的な問題、障害の三種類がある。発生している事象がなぜ問題なのかの判断をプロジェクト全体で共有しなければならない。例えば、あるスケジュールの進捗状況について、ベースラインに対してどれくらい遅れたから問題である、といったように定量的な基準を設けることが大切である。そうでなければ、人により問題の大きさの捉

え方が異なり、プロジェクトとして共通した問題意識とはならない。また、確実に事象を把握した上で対策をとる。その際、問題を先送りせず是正措置を速やかに実施すること。また、時間を要してもやむを得ないが、必ず予防措置も検討する。是正措置としては、要員交代などの属人的な対策もありうるが、予防措置としては、属人的な対策ではなく、標準類の改訂などを検討する。

また、顧客（委託元）要因であったとしても委託先から顧客への周知が遅れたことにより、委託先の原因とされることもあるので、委託先は速やかに顧客に意識させることを考える。

・管理面での問題

進捗管理、品質管理などプロジェクトを管理する項目において、ベースラインに対して、定義した一定以上のマイナス要因の情報乖離が発生した場合である。

・技術的な問題

タスクの進捗を阻害している、あるいは阻害する恐れがあり、解決しないとタスクが進められない技術的な問題と判断したメンバーは、プロジェクト内の有識者に相談する。そこでも技術的に解決できないものは顧客を含めプロジェクト外に確認する。なお、技術的としているが、顧客に要求仕様などを確認しないといけない事項もここでは含む。

・障害

プロジェクトの成果物を利用する顧客の視点で、障害となるものが該当する。したがって、委託元からみて仕様変更である場合も含まれる。

（コ）リスク管理

リスクは、現時点では、問題となっていないが不確定要素で、そのままにしておくと脅威(プロジェクトを阻害するもの)になる。うまく乗り切れば好機(プロジェクトを今よりも円滑に進められるチャンス)にもなる。なお、既に問題となっているものはリスクとはいわない。速やかに対応（課題管理として対応を検討することや、結果として実施しないことも含む）すべきものである。リスク識別、すなわちプロジェクトで発生する可能性のあるリスクを洗い出し、プロ　ジェクトに影響するリスク発生確率、影響度、優先順位、リスク許容レベルを定義し、リスク対応の予算を見定め、それに基づいて分析したリスクについてリスク対策を実施する。計画段階でできるだけ多くのリスク項目を考えることが必要で、考える機会にはできる限り多くのステークホルダに参加してもらうようにする。当然、実行中にもリスクは発生してくる。計画時に実施したことと同様に、定義したリスク発生確率、影響度、優先順位、リスク許容レベル※を適用し、リスク対応の予算を見定め、それに基づいて分析したリスクに

ついてリスク対策を実施する。

- **リスク識別**

  リスクには内的要因と外的要因があり、以下のような要員でリスクを識別し、具体的なリスク（項目）を洗い出す。

  【内的要因】

  要求仕様の変更、役割・責任の不明確、設計エラー、見積りエラー、技術力不足、設備の故障

  【外的要因】

  他社の新技術の状況、自然災害発生、市場動向の変動、法律改訂※・リスク発生確率、影響度、優先順位、リスク許容レベルの定義

  リスク発生確率と影響度について、定性的な表現を数値に置き換えその関係から優先順位をつける。リスク許容レベルとしての優先順位を定義する。

- **定性リスク分析**

  具体的なリスク（項目）が定義したリスク発生確率、影響度のどこに該当するか当てはめ、優先順位を求め、ある一定以上のリスク許容レベル以上であればリスク対策する。

- **定量リスク分析**

  具体的なリスク（項目）を数値によって分析する。例えば、発生確率とコストの関係をシミュレーションし、費用対効果の観点で定義したリスク許容レベルからリスク対策するかを判断する。

- **リスク対策**

  【好ましいリスク】

  活用：好機を活用する

  共有：ステークホルダと好機・利益を共有する。

  強化：リスクを利用してプロジェクト強化する。

  受容：何もしない

  （何かあった時のために、緊急時の対応計画立案しておく）

  【脅威あるリスク】

  回避：リスクの発生源を除去する。

  転嫁：リスクの影響を第三者に移転する。

  軽減：リスクの発生確率を減少させる。

  受容：何もしない

  （何かあった時のために、緊急時の対応計画立案しておく）

第5章　情報産業における業務の把握

注釈

＊**フィージビリティ**：フィージビリティスタディ（feasibility study）実現可能性調査。事業やプロジェクトの実施前に、それが実現可能かどうかを調べること。また、その調査結果をまとめたもの。日本語では「事業化調査」「予備調査」「採算性調査」「実現可能性調査」「実行可能性調査」などと呼ばれる。対象となる事業などが計画通りに実行できそうか否かを検証するもので、計画実施の可否を判断する意思決定の材料としたり、複数の計画案から最適なものを選択したり、資金の出し手が資金を拠出するか否かを判断したりするのに使われる。（出典：IT用語辞典 e-Words）

＊**世代管理**：直近でバックアップした最新の状態を復元できるだけでなく、その前のいくつかの時点の状態でも復元できるように管理すること。
（出典：IT用語辞典 e-Words）

＊**バージョン**：（version）版という意味の英単語。書籍が誤植などを修正しながら版を重ねるように、ソフトウェアも機能を向上したり不具合を修正しながら版を重ねていく。（出典：IT用語辞典 e-Words）

＊**同報**：電子メールなどのメッセージシステムで、同じ内容のメッセージを複数の相手に一斉に送ること。また、ソフトウェアやサービスなどが持つ、そのような機能。メールの場合には同報送信のための宛先指定方式が用意されており、通常の宛先（「To」欄）に複数のメールアドレスを記入することができるほか、コピーを送りたいアドレスを「CC」（Carbon Copy：カーボンコピー）欄に指定することができる。
（出典：IT用語辞典 e-Words）

＊**CC**：上記参照

＊**コンピテンシー**：単なる知識や技能だけではなく、技能や態度を含むさまざまな心理的・社会的なリソースを活用して、特定の文脈の中で複雑な要求（課題）に対応することができる力。
（出典：文部科学省　OECDにおける「キー・コンピテンシー」について
http://www.mext.go.jp/b_menu/shingi/chukyo/chukyo3/016/siryo/06092005/002/001.htm
なお、プロジェクトマネージャは、効率良く作業を進めているメンバーが普段どのような行動をとっているか観察し、その行動する様を単なる知識や技能以外に必要なもの（能力）として、他要員に適用させる。
また、コンピテンシーの意味とは少し外れるが、プロジェクトマネージャは、自分のプロジェクトで知識や技能以外にも必要なもの（能力）がないか考え、プロジェクトを推進するとよい。例えば「知識や技能が足りなくとも場を盛り上げ、議論を進めさせていく能力」や「コミュニケーション能力は低くとも地道に課題を解析できる能力」といったものである。

＊**士気**：一団の人びとの張りきった気持。（出典：『新明解国語辞典 第七版』三省堂）

＊**有識者**：それぞれの専門についての知識が広い上に経験も深く、大局的な判断ができる点で社会の指導的地位にある人。（出典：『新明解国語辞典 第七版』三省堂）

183

第5章　情報産業における業務の把握

　　プロジェクトを推進する上では、誰がどの分野やアクティビティの有識者なのか、明確な定義をするべきである。そうしないと、プロジェクトをうまく推進できていない要因の対策として「有識者を参加させる。」といった都合のよい文章の言い回しに利用されてしまうことになる。

※**開発ベースライン**：プロジェクトの開始時にどの（作成日やバージョンなど）資料やどの指標値（実績値と比較する計画値など）を使用して開発するか、明確にすることが必要である。この明確になった資料や指標値が開発開始時点でのベースラインであり、開発途中に仕様変更が発生した場合、その仕様変更をどの資料やどの指標値で開発するかベースラインを明確に決める必要がある。明確にしないと、古いバージョンで作成した設計書を利用してしまい、手戻り作業が発生することになる。

※**リスク許容レベル**：リスク対策を検討すべきか、特に検討せずそのままにしておくか、を判断する指標を指す。定義したリスク発生確率、影響度、優先順位などにより点数化し、あるレベル以上はリスク対策を検討する、といった使われ方をする。

※**法律改訂**：医療法の改訂、消費税法、会社法などの改訂により、システム仕様の変更が発生するので、特に改訂時期が不明な場合はリスクとなり得る。

　　なお、法律改訂ではないが、2009年の自由民主党から民主党の政権交代では、システムがらみの公募選定の発表が、予定よりも遅れたことがあった。プロジェクト実行途中には該当しないが、これも政権交代が予測された時点でプロジェクト体制を整えようとしていた企業にとってはリスクであった。

（3）プロジェクト終了時

　　プロジェクト完了報告会を実施し、良い点／悪い点を分析し会社や組織、次回のプロジェクトにフィードバックする。その際、参加した全ての人に案内する。参加できないものにはメールなどで意見をもらうとよい。

　　また、途中でプロジェクトを外れたメンバーも含め、参加者全員にプロジェクトマネージャは完了報告と感謝のメール（顧客から御礼があった場合はその内容も）を送るとよい。

　　なお、「Win－Win※」の考え方が浸透している顧客の場合、委託先の収益を気遣いしてくれる人もいる。当該プロジェクトの委託先の売上額が増えるわけではないが、嬉しいものである。

注釈　※Win－Win：委託元、委託先共にうまくいっている状態を示す。

第5章　情報産業における業務の把握

参考文献・参考ホームページ

- ■　『共通フレーム2013 ～経営者、業務部門とともに取組む「使える」システムの実現～』(情報処理推進機構技術本部ソフトウェア・エンジニアリング・センター編　情報処理推進機構発行)
- ■　『情報と職業：情報産業で働くための必要知識』(山崎信雄編著　丸善プラネット発行)
- ■　『楽しく成功するプロジェクト・マネージメント』(東條経営科学研究所編　エスシーシー（SCC）発行)
- ■　『いちばんやさしいPMBOKの本』(深沢隆司著　技術評論社発行)
- ■　「JIS X 0160：2012　ソフトウェアライフサイクルプロセス」(一般財団法人日本規格協会)

185

Memorandum

第6章
IT技術者の勤労観

6.1 労働環境の変化

6.2 IT技術者の勤務状況と勤労観

第6章　IT技術者の勤労観

　勤労※観とは、以下のように定義されている。職業に対する考えである職業※観ではなく、働くことそのものに対する一人一人の考え方である。

　「勤労（心身を労して働くこと）に対する価値的な理解・認識である。

　職業としての仕事や勤めだけでなく、ボランティア※活動、家事や手伝い、その他の役割遂行などを含む、働くことそのものに対する個人の見方や考え方、価値観であり、個人が働くこととどのように向き合って生きていくかという姿勢や構えを規定する基準となるものである。

　　（出典：国立教育政策研究所生徒指導研究センターの報告資料（平成16年1月28日））」

> **注釈**
>
> ※**勤労**：自分の務めとして働くこと。（出典：『新明解国語辞典　第七版』三省堂）
> ※**職業**：生活を支える手段としての仕事。生活を支えるに足る、特殊な技能や専門。（出典：『新明解国語辞典　第七版』三省堂）
> ※**ボランティア**：自由意志をもって社会事業・災害時の救援などのために無報酬で働く人（こと）（出典：『新明解国語辞典　第七版』三省堂）

第6章　IT技術者の勤労観

6.1　労働環境の変化

　日本における時代ごとの情報サービス産業、特にシステム開発業務の労働環境の変化を考察する。

（1）メインフレーム時代

　1980年代までのメインフレームを中心とした時代は、ネットワークが今ほど発達していなかったこともあり、さまざまな企業の要員がメインフレームを設置している組織（多くは、委託元企業や大手メーカー）内の施設に集結することが多かった。人によっては自企業の事務所で作業できないことで帰属※意識が薄れ、ストレス※がたまることもあったかもしれない。逆に、自企業内では得られない新しい技術を得たり、さまざまな環境で育った他企業の要員と交わったりすることで技術スキルやコミュニケーションスキルなどのスキルアップができた、という考え方もある。また、自企業よりも福利厚生※が充実している場合も多く、かなり恩恵を受けることもあったであろう。

　また、開発中において、コンピュータの使用時間が利用者ごとに制限されている場合もあり、夜中に交代でコンピュータを使用することもあった。

　ただし、忙しいという意識よりも、コンピュータが一般にはまだ浸透していないためシステム開発に携わることは、時代の最先端を行くという花形的な勤労意識があったように思う。

注釈
※**帰属**：（その財産・権利などが）終極的にどんな人（機関）の所有になるかということ。また、機関のメンバーの一人として、そこで一定の役割を担うこと。
（出典：『新明解国語辞典　第七版』三省堂）
※**ストレス**：外界から与えられた刺激が積もり積もった時に防衛反応として示す、生体の肉体上・精神上の不具合。（出典：『新明解国語辞典　第七版』三省堂）
※**福利厚生**：企業が従業員とその家族の福利（幸福と利益）を充実させるために設けた制度や施設であり、企業側の納税義務に関しては非課税対象となる。
　例えば、従業員食堂において企業が食事を無料提供するなど過度の福利厚生制度は法人税の脱税行為とみなされることもある。この場合、原価程度の料金を取るか、無料ならば従業員の給料として経理上は処理することになる。その場合は従業員の給料から所得税や住民税を支払うことになる。

第6章　IT技術者の勤労観

（2）クライアント・サーバ時代

　　1990年代に入りネットワークが発達し、クライアント・サーバ時代になると安価な
PCやミニコンが普及し始めた。これにより、上位工程の設計や総合テスト以降は委託
元企業で行うとしても、詳細設計、プログラミング、単体試験、結合試験は委託先企
業で実施することも多くなった。PCは個人にも普及し始めたが一般家庭でというより
も、情報サービス産業に従事するものが自宅で、趣味や自己研鑽※のために用いるこ
とが主であった。OSは、メインフレーム時代のメインフレーム専用OSに加え、UNIX
系OS、MS-DOS、Windows、MacOSなどが主流となり、コンピュータ言語は、COBOL
やFORTRANからCが主流となった。情報サービス産業の技術者は専門とするOSや言
語が一つずつあるとしてもメインフレーム時代に比べて複数OS、複数コンピュータ言
語を使いこなすこともめずらしくなくなってきた。オブジェクト指向での開発手法も
顕著化し、メインフレーム時代の手続き型言語※に慣れ親しんだ要員にとっては、オ
ブジェクト指向の技術を習得することは高いハードルでもあったように思われる。ま
た、インターネットがまだ普及していなかったこともあり、新しい技術や開発手法な
どの情報を入手するといったことはまだまだ簡単ではなく、書籍を購入したりセミナ
ーに参加したりして知識を習得することが多かった。システム開発においては、企業
ごとに開発プロセスが異なることが普通であった。共通フレームワークの発行、セキ
ュリティ関係ではISO規格を基にしたJIS規格が発行されたのもこのころである。

注釈　※**自己研鑽**：自己は、「自分自身」。研鑽は、「着実に研究すること」。
　　　　　（「」内出典：『新明解国語辞典 第七版』三省堂）
　　　　※**手続き型言語**：記述された命令を逐次的に実行し、処理の結果に応じて変数の内容
　　　　　を変化させていくプログラミング言語のこと。
　　　　　C言語やBASIC、Pascalなど、ほとんどのプログラミング言語は手続き型言語に属す
　　　　　る。（出典：IT用語辞典 e-Words）

（3）さまざまな形態での労働

　　さらにネットワークが発達し、インターネットの普及、クラウド社会が訪れ実環境
としての距離の意識が薄れてくるとネットワークを利用したさまざまな労働形態が
出現するようになった。機密情報を取り扱っている業務を除くとほとんどの業務が委
託元企業や大手メーカー内で作業するのではなく、自企業内で十分に作業ができるよ
うになった。保守作業やリリース作業も現地で行わず遠隔で行うことが当たり前にな
ってきた。その中で、「テレワーク」という考え方が生まれた。また、ノマドという
遊牧民に例えて、自宅や会社の固定された施設ではなく、喫茶店やファーストフード
店などでモバイル型端末などを使って仕事をするノマドワーカと呼ばれる人々も現
れた。また、Webサービスとして、不特定多数の人に業務を委託するクラウドソーシ

190

第6章　IT技術者の勤労観

ングという新しい雇用形態も生まれた。これは、クラウドの「コンピュータ資源」を
「不特定多数の人」に置換えた言葉である。

　総務省では、2017年10月現在の「情報通信(ICT※政策)」の中に、「テレワークの推
進」(総務省ホームページ
　http://www.soumu.go.jp/main_sosiki/joho_tsusin/telework/index.htm)
を掲げている。
　少子高齢化による労働力不足、東京一極集中などによる地方の働き手の不足、制約
のある社員(介護を行っている、子育てが必要、障害があるなど)の増加などのため、
就労者が減少していくことに対して、働き方改革※実現の一つのきっかけとして、テ
レワークを推進しようということである。就労者が減少することに対して、高齢者雇
用が拡大している。高齢者雇用された人の中には、さらに高齢である親の介護を行っ
ている人も多いであろう、そうなると高齢者雇用された人が介護することが当たり前
の世の中になり、ますますテレワークが重要となってくる。
　「情報通信(ICT政策)」では、「テレワークとは、ICT(情報通信技術)を活用した、
場所や時間にとらわれない柔軟な働き方です。」としている。「場所や時間にとらわれ
ない柔軟な働き方」というと、場所や時間を無視して、好き勝手に働くというイメー
ジになりがちであるが、「ICTを使って、時間や場所を有効に活用する働き方」と読み
替えるとよいであろう。テレワークを行うことにより、今まで働きたくても働けない
人が、働けるようになる。「情報通信(ICT政策)」では、テレワークを以下(ア)、(イ)
の様に分類し、「実施頻度によって、常時テレワークと、テレワーク勤務が週1〜2日
や月数回、または1日の午前中だけなどに限られる随時テレワークがあり、実際はさ
まざまな 形態で導入されています。」と注釈している。ずっと自宅や出先(後述のサ
テライトオフィスなど)で働くことだけがテレワークではなく、一定期間に一定時間
以上(例えば、1週間で8時間以上)自宅や出先で働くと、テレワークを行っていると考
えてよい。

(ア)　雇用型(企業に勤務する被雇用者が行うテレワーク)
・在宅勤務：自宅を就業場所とするもの
・モバイルワーク：施設に依存せず、いつでも、どこでも仕事が可能な状態なも
の
・施設利用型勤務：サテライトオフィス※、テレワークセンター※、スポットオフ
ィス※等就業場所とするもの

(イ)　自営型(個人事業者・小規模事業者等が行うテレワーク)
・SOHO※：主に専業性が高い仕事を行い、独立自営の度合いが高いもの
・内職副業型勤務：主に他のものが代わって行うことが容易な仕事を行い独立自

191

営の度合いが薄いもの

　施設利用型勤務に関して、空き家や遊休施設を利用して地方に企業のサテライトオフィスを誘致するケースも増えてきた。総務省では平成28年度から「お試しサテライトオフィスモデル事業」
(総務省ホームページ　http://www.soumu.go.jp/satellite-office/)
を行い、地方へのサテライトオフィス誘致を支援している。

　実際にテレワークに取り組もうとした場合、「①在宅でできる仕事があるのか」、「②テレワークしている社員が、実際に仕事をしているのかの管理が難しい」、「③テレワークしている社員が会社にいないことで、会社に残っている社員のフォローが大変ではないか」、「④テレワーク(例えば自宅勤務)の対象が限定(介護中、子育て中など)されると、テレワーク対象外の人が不公平感をもたないか」など、課題があり、テレワークの実現を躊躇する企業もあるのではないだろうか。そこで、IT技術者の出番である。テレワークができる仕事はないとは考えず、ICTを使って「いつも行っている仕事がテレワークでできるように、やり方を変える」といった発想で、資料をデジタル化(紙媒体から電子媒体へ)し、グループウェア、テレビ会議、WEB会議などのデジタルコミュニケーションツールを使い、テレワークができる仕事を、IT技術者は生み出したいものである。ICTを使ってテレワークの仕事が可視化されることにより、①の課題だけでなく、②～④の課題も解決できるのではないだろうか。テレワーク実践事例について、「テレワーク導入環境の整備」
　(総務省ホームページ
　http://www.soumu.go.jp/main_sosiki/joho_tsusin/telework/18028_03.html)
を参照されたい。

第6章　IT技術者の勤労観

注釈

※ICT：（Information and Communication Technology）情報（information）や通信（communication）に関する技術の総称。日本では同様の言葉としてIT（Information Technology：情報技術）の方が普及しているが、国際的にはICTの方が通りがよい。総務省の「IT政策大綱」が2004年から「ICT政策大綱」に名称を変更するなど、日本でも定着しつつある。（出典：IT用語辞典 e-Words）

※働き方改革：首相官邸ホームページ「働き方改革の実現」
（http://www.kantei.go.jp/jp/headline/ichiokusoukatsuyaku/hatarakikata.html）を参照のこと。

※サテライトオフィス：事業拠点の目的ではなく自宅に近いなど勤務場所という観点で、本来の事業所と離れた場所に従業員が勤務をできるようにした事務所である。本来の事業所での勤務と変わらないように通信設備を整えている。

※テレワークセンター：テレワークが行える労働場所提供の中心となる施設や組織である。

※スポットオフィス：出張先や外出先の近くに配置した簡易オフィスで、出張などで従業員が自由に使うことができる。

※SOHO：（Small Office/Home Office）パソコンを活用して自宅などで行う勤務形態。

第6章　IT技術者の勤労観

6.2 IT技術者の勤務状況と勤労観

　情報産業に限らず、その産業で働きその対価として給料を得ることは、大半が生活していくためであることは、否定しないであろう。情報サービス産業は、新3K「きつい、厳しい、帰れない」といわれることがある。極端に情報サービス産業の所定外労働時間※が多いということはなく、ピークを過ぎた場合にまとめて休暇がとれたりすることもあるし、毎日、定時退社時間の勤務が続く時もある。ただし、プロジェクト型の業務が多い情報サービス産業では、一定要員が毎日同じ作業時間でタスクをこなしていくことはまずありえず、プロジェクト全体の作業時間のピークが何度か訪れることになる。例えば経理業務のように、月末・月初、決算期などに間違いなくピークがくることがわかっていればよいが、ピークがあらかじめ想定した時期とずれることがある。また、システム本番移行などは、土日や年末年始など通常業務のサービスが停止している時に行われることがあることも「きつい、厳しい、帰れない」に繋がるゆえんであろう。勤務状況にメリハリをつけることは、プロジェクトマネージャの腕の見せどころでもある。情報産業における情報技術者の状況として、「2016年版情報サービス産業（JISA）基本統計調査（一般社団法人　情報サービス産業協会）」によると、JISAに加盟している情報サービス産業の労働者のITエンジニアについて所定外労働時間（残業、休日出勤など）は、年間合計286時間（2015年4月～2016年3月）である。

　IT技術者は、就職した企業の環境に影響されることもあり一概に論ずることはできないが、以下の勤労観を持つことができるものと考える。

・さまざまな業種の業務知識を得ることができる

　　IT技術者の中には入社してから同じ業種、業務ばかりという者もいるが、IT技術者は、さまざまな業種を経験する機会が多い。たとえ大企業のユーザー系列、メーカー系列の関連会社といえども、必ずしも常に親会社※のシステムを受注できるわけではなく、親会社と資本関係のない企業とも競争し、その結果さまざまな業種に参入せざるを得ないこともある。また、同じ業種でもその中ではさまざまな業務が当然存在するが、内部統制※を達成するために主要な業務を把握する場合がある。こういったことによりIT技術者は当該システムを運用する従業員よりも業務に詳しくなることが多い。ただし業務に詳しいことと実際に業務を行えること（運用できること）とは必ずしも一致しないことを付け加えておく。なぜならば当該システムを使用することによるコンシューマと接する場合の意識が、異なるからである。IT技術者は、素晴らしい技術を持っていて、素晴らしい提案ができていても、IT技術を知っている人を相手にすることが多く、コンシューマを相手とした場合の対応は一般的に苦手ではないだろうか。

194

第6章　IT技術者の勤労観

・最新のIT技術を得ることができる

　近年、インターネットを通じてIT技術者でない人も最新のIT技術を知る機会は多くなったかもしれない。ただし、情報モラルや適切な操作を考慮した利用という意味では、IT技術の知識だけが先行していると思われる。IT技術者は、最新の情報処理技術の進展を情報モラルや適切な操作を考慮した利用という面を意識しながら、取得できるものである。

・人との関わりが多い

　新入社員の時に人との関わりを持つことが苦手と感じている者でも、社会人になれば大半はいつの間にか人との関わりが苦手でなくなっているものである。特にプロジェクト型が多いIT技術者は、ステークホルダとの関係を常に意識して作業が行われる。さまざまな業種の人と知り合えることになる。企業相手で仕事をしていることが多いので、勤務時間外や休日には地域活動などに積極的に参加し、それを通じて、さらに人との関わりを意識するとよい。

・ステップアップができる

　どのような形態であれ従業員教育を行っている企業は多いであろう。プロジェクト型が多いIT技術者は、プロジェクトの開始前と終了後では資質という意味でステップアップをまさに体感できるのではないか。プロジェクト型は独自性が成果物の要件であり、そのために常に新しい技術や手法に接することができる。また、共同作業を行うことによりコミュニケーション能力やプレゼンテーションの能力も向上する機会を得られやすい。

　プロジェクト開始時には、プロジェクトとしての戦略がありその戦略を実現するためのプロジェクトの目標を設定し計画を立案するものであるが、必ずしも要員個人の目標にまで展開されていないこともある。プロジェクトの目標になっていないこと（目標に反しているという意味ではなく、たまたま目標として取り上げられていないこと）について、あるいはプロジェクトの目標を実現させるため、要員個人も自分自身の詳細な目標を定めてスキルアップをはかるとよい。目標は仰々しく考える必要はない。仰々しく考えると絵にかいた餅となることが多い。「チームミーティングで必ず1回は発言する」とか、「コードレビューを実施する前に、担当分のコードのセルフチェック※を全て実施する」、といった身近なものである。例えば「チームミーティングで必ず1回は発言する」は、本来「コミュニケーション能力を向上させる」といったような「目標」を達成させる「手段」の一つ、と考えている。「チームミーティングで必ず1回は発言」しても「コミュニケーション能力を向上する」目標を達成できないかもわからない。しかし、「手段」を確実に実行できなければ、本来の「目標」

第6章　IT技術者の勤労観

には到底達成できないであろう。従って、敢えて「手段」を確実に実行すること、を
「目標」の例として取り上げた。

注釈　※**所定外労働時間**：「所定内労働時間数」とは、事業所の就業規則で定められた正規
　　　　の始業時刻と終業時刻との間の実労働時間数のことである。「所定外労働時間数」と
　　　　は、早出、残業、臨時の呼出、休日出勤等の実労働時間数のことである。
　　　　　（出典：厚生労働省サイト「毎月勤労統計調査で使用されている主な用語の説明」
　　　　　　http://www.mhlw.go.jp/toukei/itiran/roudou/monthly/yougo-01.html)
　　　　※**親会社**：資本を出して設立した会社に対し、業務内容・人事などの面で支配権を握
　　　　っている方の会社。（出典：『新明解国語辞典　第七版』三省堂）
　　　　※**内部統制**：企業などの組織体が、目的に合う形で業務を行ったり、企業倫理に反す
　　　　ることが行われないようにしたりするために管理・運営に加える統制。
　　　　　（出典：『新明解国語辞典　第七版』三省堂）
　　　　※**セルフチェック**：ここでは、プロジェクトでアクティビティとして実施するコード
　　　　レビューなどの前に、自分自身でチェック項目を決め、事前に誤りを見つけること
　　　　を指す。チェック項目は、コードレビューで実施される標準的な項目のほか、過去
　　　　に自身がよく間違えたことなどを盛り込み、自身のスキルアップに合わせチェック
　　　　項目を見直していくとよい。

第6章　IT技術者の勤労観

参考文献・参考ホームページ

- 国立教育政策研究所生徒指導研究センターの報告資料(平成16年1月28日)
- テレワークの意義・効果（総務省HP「情報通信（ICT政策)」）
  http://www.soumu.go.jp/main_sosiki/joho_tsusin/telework/18028_01.html
- テレワークの普及・促進に向けた総務省の取組（総務省HP「情報通信（ICT政策)」）
  http://www.soumu.go.jp/main_sosiki/joho_tsusin/telework/18028_02.html
- 「テレワークセンター社会実験」の結果の概要（国土交通省HP）
  http://www.mlit.go.jp/report/press/toshi02_hh_000020.html
- 地球を包む温室効果ガス（全国地球温暖化防止活動推進センター（JCCCA）サイト）
  http://www.jccca.org/global_warming/knowledge/kno01.html
- 「2012年版情報サービス産業　基本統計調査」(情報サービス産業協会　平成24年12月）
  http://www.jisa.or.jp/Portals/0/resource/statistics/download/basic2012.pdf
- 毎月勤労統計調査で使用されている主な用語の説明（厚生労働省サイト）
  http://www.mhlw.go.jp/toukei/itiran/roudou/monthly/yougo-01.html

Memorandum

索　引

〈数字・アルファベット順〉

数字

2進数処理 · 3

A

ABC · 3
AI · 46
Ajax · 19
API · 14
ARPANET · 6
ASP · 16, 18

B

BtoB · 7
BtoC · 7

C

C++ · 12, 13
CAPTCHA · · · · · · · · · · · · · · · 128, 129
CC · 176, 183
CG-ARTS協会 · · · · · · · · · · · · · 85, 86
CRM · · · · · · · · · · · · · · · · 20, 21, 75, 76
CtoC · 6, 7

E

eラーニング · · · · · · · · · · · · · · · · · · 79
EaaS · 17
EDSAC · 3
e-Gov · 28
e-Japan戦略 · · · · · · · · · · · · · · · · · 28
e-Japan戦略Ⅱ · · · · · · · · · · · · · · · 28

ENIAC

ENIAC · 3
ERP · 75, 76
e-Tax · 34
EV · 38, 39

F

Facebook · · · · · · · · · · · · · · · · 101, 102
FC · 101, 102

H

HaaS · 17
HTML · 12
HTTP · 12

I

IT · 2
IaaS · 17
ICT · · · · · · · · · · · · · · · · · 2, 191, 193
ICカード · · · · · · · · · · · · · · · 128, 129
i-Japan戦略2015 · · · · · · · · · · · · · · 29
IoT · 37, 39
ISO · 140, 141
ITSSP · 27
ITアウトソーシング · · · · · · · · · · · 71
ITガバナンス · · · · · · · · · · · · · · · · 64
IT経営 · · · · · · · · · · · · · · · · · · · 28, 29
ITコーディネータ試験 · · · · · · · · · 27
IT新改革戦略 · · · · · · · · · · · · · · · · 28
Iターン · 193

J

Java · 12, 13

199

索引

Java仮想マシン ・・・・・・・・・・・・・・ 12, 13
JIS・・・・・・・・・・・・・・・・・・・・・ 140, 141
Jターン ・・・・・・・・・・・・・・・・・・・・・ 194

L

LINE・・・・・・・・・・・・・・・・・・・・ 99, 100
Linux ・・・・・・・・・・・・・・・・・・・ 90, 92

M

Macintosh ・・・・・・・・・・・・・・・・・ 9, 11
MS-DOS ・・・・・・・・・・・・・・・・・・・ 11
MVS・・・・・・・・・・・・・・・・・・・・・ 7, 8

N

NIST・・・・・・・・・・・・・・・・・・・・ 16, 18

O

OECD8原則 ・・・・・・・・・・・・・・ 114, 115
OEM・・・・・・・・・・・・・・・・・・・・・・ 11
OMG ・・・・・・・・・・・・・・・・・・・ 91, 92

P

PaaS ・・・・・・・・・・・・・・・・・・・・・ 17
PDCA・・・・・・・・・・・・・・・・・・・ 30, 31
PINコード・・・・・・・・・・・・・・・・ 128, 129
PL法・・・・・・・・・・・・・・・・・・・・・ 115
PMBOK ・・・・・・・・・・・・・・・・ 165, 166

R

RFID・・・・・・・・・・・・・・・・・・・・ 35, 36
RT ・・・・・・・・・・・・・・・・・・・・ 99, 100
Ruby・・・・・・・・・・・・・・・・・・・ 91, 92

S

SaaS ・・・・・・・・・・・・・・・・・・・・・ 17
SFA ・・・・・・・・・・・・・・・・・・・ 20, 21

Share・・・・・・・・・・・・・・・・・・・ 105, 108
SNA・・・・・・・・・・・・・・・・・・・・・ 7, 8
SNS ・・・・・・・・・・・・・・・・・・・ 100, 102
SOHO ・・・・・・・・・・・・・・・・・・ 191, 193
SQLインジェクション攻撃・・・・・・・ 127

T

TCP/IP ・・・・・・・・・・・・・・・・・・・・ 6
Twitter・・・・・・・・・・・・・・・・・・ 99, 100

U

UNIX ・・・・・・・・・・・・・・・・・・・・・ 6
URL・・・・・・・・・・・・・・・・・・・・・ 12
USBキー ・・・・・・・・・・・・・・・・ 128, 129

W

W3コンソーシアム・・・・・・・・・・・・・ 12
Webブラウザ・・・・・・・・・・・・・・・ 13, 14
Win32 ・・・・・・・・・・・・・・・・・・・・ 14
Windows ・・・・・・・・・・・・・・・・・ 9, 11
WWW ・・・・・・・・・・・・・・・・・・・・ 12

X

XML・・・・・・・・・・・・・・・・・・・・ 91, 92

〈五十音順〉

ア行

アーキテクチャ・・・・・・・・・・・・・ 57, 58
アーティスト・・・・・・・・・・・・・・・ 81, 82
アイディア・・・・・・・・・・・・・・・ 103, 107
アウトライン・・・・・・・・・・・・・・ 81, 82
赤字・・・・・・・・・・・・・・・・・・・・ 167
アクティビティ・・・・・・・・・・・・・・ 142
アプライアンス・・・・・・・・・・・・・・ 78
アマゾン・・・・・・・・・・・・・・・・・・ 20

索引

アメリカ国立標準技術研究所··· 16, 18
アルゴリズム················ 103, 107
安全保護の原則·············· 115
イーベイ··················· 21
維持····················· 59
意匠権···················· 109
一貫性···················· 70, 71
医療過誤·················· 30, 31
威力····················· 120
威力業務妨害罪·············· 120
インストラクション··········· 79
インタオペラビリティ········ 70, 71
インターネットオークション····· 21
インターネット異性紹介事業····· 120
インテグレーション··········· 70, 71
運用者··················· 147, 149
営業支援システム············ 20, 21
疫学····················· 30, 31
絵コンテ·················· 85, 86
エディタ·················· 81, 82
絵に描いた餅··············· 132
炎上····················· 101, 102
演奏権··················· 104, 107
エンベデッドシステム·········· 61
オーサリング··············· 80
オープン化················ 9, 10
落ち度··················· 132
オフィススイート············ 75, 76
オフィスツール·············· 53
オブジェクト指向············ 12, 13
オプトアウト··············· 38, 40
オペレーション·············· 55
親会社··················· 194, 196
オンデマンド··············· 16, 19
オンプレミス··············· 17, 19

カ行

改革プログラム·············· 56
改ざん··················· 119
解析····················· 36
海賊版··················· 104, 107
ガイドライン··············· 63, 64
開発者··················· 147, 149
開発ベースライン············ 179, 184
回復····················· 72, 73
回復管理·················· 72, 73
カウンセリング·············· 68, 69
学習指導要領··············· 103, 107
カスタマイズ··············· 74, 75
画像認証·················· 128, 129
カット割·················· 81, 82
可用性··················· 72, 73
借入····················· 32, 34
カリキュラム··············· 79
環境配慮型社会············· 28, 29
慣行····················· 57, 58
監査····················· 51, 53
管理区画·················· 133, 134
キーロガー················ 124
偽計業務妨害罪·············· 120
偽造····················· 119
帰属····················· 189
機密····················· 112
機密性··················· 128
規約····················· 103, 107
キャッシュ················ 104, 107
キャラクタ················ 81, 82
供給者··················· 147, 149
共通フレーム2013··········· 140, 142
業務モデル················ 57, 58
共用プール················ 16, 19

201

供用	119	コピーガード	105, 109
勤労	188	コミュニケ	117
グーグル	20	コミュニケーション管理	175
組込みシステム	55, 56	コンサルタント	68, 69
組込みシステム開発の各工程	61	コンシューマ	14
クライアント	9, 11	コンテンツ	80
クラウド	16	コントロール	56
グラフィカルユーザインタフェース		コンピテンシー	176, 183
	5	コンピュータ犯罪	117
クリックジャッキング	136	コンピュータ	2
グレーゾーン	41	コンピュータウイルス	122, 123
クロスサイトスクリプティング	127	コンピュータ機器産業	50, 53
形態性	110	コンピュータ資源	9, 11
けいはんな	44, 45	コンプライアンス	63, 64
源泉徴収表	34	コンポーネント	73

サ行

効果	81, 82	サービス	16, 150
公開の原則	115	サービスプロバイダ	16, 19
工業上利用性	110	サービスサポート	62
虹彩	128, 129	サービスデリバリ	62
公衆送信権	104, 107	サービスデスク	55, 78
構成管理	178	最終退場のルール	133, 134
構成品目	152	歳出	32, 34
構想	56	歳入	32, 34
構造化	35, 36	サイバー犯罪	117
構築	59	錯誤	120
公表権	104, 107	策定	27
コース	79	サテライトオフィス	6, 7, 191, 193
コールセンタ	83, 85	サニタイズ	127
顧客管理システム	20, 21	産学官連携	30, 31
国債	32, 34	産業財産権	109
国際標準化機構	140, 141	産業利用性	109, 110
個人参加の原則	115	シーン	81, 82
個人情報保護法	40, 114	支援	147, 149
コスト	60, 82	士気	177, 183
国会図書館	104, 108		
固定観念	100, 102		

自己研鑽	190	ステークホルダ管理	178
自己伝染機能	122	ストラテジスト	56
システム	140, 141	ストリーミング	81, 82
実装	72, 73	ストレージ	16, 18
実装者	162	ストレス	189
実用新案権	109	スパイウェア	124
児童買春・児童ポルノ禁止法	120	スポットオフィス	191, 193
シナリオライター	81	スマートコミュニティ	6, 7
氏名表示権	104, 107	スマートグリッド	42, 44
社会保障・税番号制度	32, 33	整合性	70, 71
就業規則	111, 112	製作	147, 149
従業員	32, 34	制作	149
収集制限の原則	115	製造物責任法	115
取得者	147, 149	精緻	168, 171
出版権制度	108	政府短期証券	32, 34
上映権	104, 107	セールスフォース・ドットコム	20
上演権	104, 107	責任追及性	128
商標権	110	責任の原則	115
情報サービス産業	50, 52	セキュリティホール	126
情報処理技術者試験	50, 51, 53	セキュリティポリシー	133, 134
情報セキュリティポリシー	133, 134	是正	132
掌紋	128, 129	世代管理	175, 183
職業	188	セッションキー	127, 128
助言	68, 69	セッションハイジャック	127
所産	2	セットアップ	62
助長	118	セルフチェック	195, 196
所定外労働時間	194, 196	せん孔機	50, 52
新規性	109, 110	潜伏機能	122
人工知能	46	戦略	27
新産業構造ビジョン	46	相関モデル	39, 40
真正性	128, 129	創作非容易性	110
信条	41	ソーシャルエンジニアリング	135
進歩性	109, 110	組織	59
信頼性	77, 78	租税	34
スコープ	166	ソフトウェアパッケージ	57, 58
ステークホルダ	166	ソフトウェア製品	150

ソフトウェア品目・・・・・・・・・・ 152, 153
ソリューション・・・・・・・・・・・・・・ 67, 68

タ行

第三の波・・・・・・・・・・・・・・・・・・・・ 6
タイムシェアリング・・・・・・・・・・・ 4, 5
貸与権・・・・・・・・・・・・・・・・・ 106, 109
ダウンサイジング・・・・・・・・・・・・ 9, 10
多重仮想記憶・・・・・・・・・・・・・・・・ 7, 8
タスク・・・・・・・・・・・・・・・・・・・・ 142
多様性・・・・・・・・・・・・・・・・・・ 35, 36
男女雇用機会均等法・・・・・・・・・・ 113
逐次制御方式・・・・・・・・・・・・・・・・・ 3
知見・・・・・・・・・・・・・・・・・・・・ 57, 58
知的財産権・・・・・・・・・・・・・・・ 85, 86
注記・・・・・・・・・・・・・・・・・・・・・ 142
調達・・・・・・・・・・・・・・・・・・・・・ 166
著作権・・・・・・・・・・・・・・・・・・・・ 103
著作者人格権・・・・・・・・・・・ 104, 107
著作者財産権・・・・・・・・・・・ 104, 107
追跡可能性・・・・・・・・・・・・・ 148, 149
通信産業・・・・・・・・・・・・・・・・ 50, 53
つぶやく・・・・・・・・・・・・・・・ 99, 100
出会い系サイト規制法・・・・・・・・・・ 120
提言・・・・・・・・・・・・・・・・・・・・ 68, 69
ディマンドリスポンス・・・・・・・・ 42, 44
ディレクター・・・・・・・・・・・・・・・・ 80
データアナリティクス・・・・・・・・ 36, 37
データサイエンティスト・・・・・・・・・・ 36
データセンタ・・・・・・・・・・・・・・ 21, 22
データ内容の原則・・・・・・・・・・・・・ 115
データの圧縮・伸張・・・・・・・・・・ 81, 82
データベース・・・・・・・・・・・・・・・・ 60
テーラリング・・・・・・・・・・・・ 170, 171
テクニカルエンジニア・・・・・・・・・・ 81
手作業品目・・・・・・・・・・・・・ 152, 153

手続き型言語・・・・・・・・・・・・・・・・ 190
デベロップメント・・・・・・・・・・・・・・ 75
デマ・・・・・・・・・・・・・・・ 98, 99, 100
テレワークセンター・・・・・・・・ 191, 193
電子カルテ・・・・・・・・・・・・・・ 87, 89
電子行政・・・・・・・・・・・・・・・・ 28, 29
電子計算機使用詐欺罪・・・・・・・・・ 118
電子黒板・・・・・・・・・・・・・・・・ 30, 31
電子商取引・・・・・・・・・・・・・・・・・ 28
電子政府・・・・・・・・・・・・・・・・・・・ 28
電磁的記録不正作出罪・・・・・・・・・ 119
同一性保持権・・・・・・・・・・・ 104, 107
透過・・・・・・・・・・・・・・・・・ 136, 137
動向・・・・・・・・・・・・・・・・・・ 54, 57
洞察・・・・・・・・・・・・・・・・・・・・・ 67
動産・・・・・・・・・・・・・・・・・ 116, 117
統制・・・・・・・・・・・・・・・・・・・・・ 77
盗聴・・・・・・・・・・・・・・・・・ 130, 131
同報・・・・・・・・・・・・・・・・・ 176, 183
匿名・・・・・・・・・・・・・・・・・ 131, 132
特許権・・・・・・・・・・・・・・・・・・・・ 109
トップマネジメント・・・・・・・・・・・・ 63
トラッシング・・・・・・・・・・・・・・・・ 135
トランザクション・・・・・・・・・・・・・ 75
トレーサビリティ・・・・・・・・・・・・・ 97
トレンド・・・・・・・・・・・・・・・ 168, 171
トロイの木馬・・・・・・・・・・・・ 122, 123

ナ行

内閣官房・・・・・・・・・・・・・・・・・・・ 34
内部統制・・・・・・・・・ 63, 64, 194, 196
ナショナルセンター的機能・・・・・・ 30, 31
名寄せ・・・・・・・・・・・・・・・・・ 32, 34
ナレーター・・・・・・・・・・・・・・・・・ 83
ニーズ・・・・・・・・・・・・・・・・・・・・ 79
ニムダ・・・・・・・・・・・・・・・・・・・・ 123

索引

日本標準職業分類················· 50
ニュースソース··············· 97, 98
認証·························· 118
ニンテンドーDS············ 105, 108
ネットワーク犯罪·············· 117
ノイマン型コンピュータ··········· 3
ノマド······················ 190

ハ行

バージョン··············· 175, 183
パーソナルコンピュータ········ 9, 10
バーチャルモール·············· 6, 7
ハードウェア品目··········· 152, 153
ハイジャック············· 127, 128
ハイテク犯罪············· 117, 126
ハイパーテキスト················ 5
バイブル················· 168, 171
ハウジングサービス·········· 16, 18
パスワード攻撃················ 129
働き方改革··············· 191, 193
パターンマッチング法·········· 125
パッケージ···················· 74
バッチ処理··················· 4, 5
発病機能···················· 122
バッファオーバフロー攻撃······· 127
パフォーマンス················· 62
販売チャネル·················· 67
汎用······················ 57, 58
美感性····················· 110
非機能要件················ 82, 85
非構造化データ············· 35, 36
ビジネスファンクション·········· 69
ビジネスプロセス············ 75, 76
ビジネスモデル····· 16, 18, 55, 56
ビジョン·················· 68, 69
ビッグデータ·················· 35

否認防止性··················· 128
非納入品目··················· 151
秘密··················· 133, 134
ヒューリスティック法··········· 125
標的型攻撃メール·············· 137
品質特性················ 170, 171
品質管理···················· 179
品質保証···················· 179
品質マネジメント·············· 179
品目······················· 152
ファイル感染型············ 122, 123
ファシリティマネジメント········· 62
ファシリティ··················· 77
フィージビリティ··········· 171, 183
フィードバック·············· 55, 56
フィッシング詐欺·············· 136
風評被害····················· 97
複製権·················· 104, 107
福利厚生···················· 189
付随対象著作物············ 104, 108
不正競争防止法··············· 110
不正アクセス禁止法········· 113, 118
物品性·················· 109, 110
物理設計················· 72, 73
不動産····················· 116
プラットフォーム········ 72, 76, 77
プロデューサー················ 80
ブロードバンド················· 28
プログラム内蔵方式·············· 3
プロジェクト·············· 140, 141
プロジェクト・チーム管理········ 177
プロジェクト・チーム育成········ 176
プロセス···················· 142
プロセスの組込み·············· 145
プロトコル···················· 59
プロモーション············· 67, 68

紛失	114
文書管理	180
分析	15
ベースライン	170, 171
ベストプラクティス	57, 58
ペタバイト	21
ペネトレーションテスト	126
ベンダ	59, 60
方式主義	106, 109
放送権	106, 109
訪問者の入退出のルール	133, 134
法律改訂	182, 184
ポータビリティー	74
ボット	123
ボランティア	188
翻案権	104, 107
本人の同意	114
翻訳権	104, 107

マ行

マーケティング	67
マイクロソフト	20
マイナンバー制度	32
マクロウイルス	122, 123
マジコン	105, 109
マスメディア	97
マルウェア	122, 123
マルチタスク	7, 8
マルチメディア	80
マルチユーザ	7, 8
マンマシンインタフェース	5
見える化	35, 36
ミドルウェア	17, 19
ミニコンピュータ	9, 10
無方式主義	106, 109
名誉権	116

メインフレーム	4, 5
メール悪用型	122, 123
メソドロジ	68, 69
メンター	83
網膜	128, 129
目的明確化の原則	115
モニタリング指標	54, 55
モバイルOS	90, 92
モラルハザード	131
問題解決管理	180

ヤ行

ヤフー	20
有識者	177, 183
ユーティリティコンピューティング	20, 21
有用性	109, 110
要求	140, 141
要件	57, 58
与信	37, 39
予防	132

ラ行

ランサムウェア	124
リアルタイムOS	57, 58
リカバリ	167
リスク	63, 64, 100, 102
リスク管理	181
リスク許容レベル	181, 184
リダイレクト	127, 128
流出	130, 131
利用者	147, 149
利用制限の原則	115
倫理	96
ルートキット	124
レセプト	87, 89

レッドカード・・・・・・・・・・・・・・・ 101, 102	ロゴ・・・・・・・・・・・・・・・・・・・・・・・・ 110
漏えい・・・・・・・・・・・・・・・・・・・・・ 114	論理素子の集積度による分類・・・・・・・ 2
労働基準法・・・・・・・・・・・・・・・・・・ 111	論理設計・・・・・・・・・・・・・・・・・・・ 72, 73
労働者派遣法・・・・・・・・・・・・・・・・ 112	
労働者供給事業・・・・・・・・・・・・・・・ 113	**ワ行**
録音権・・・・・・・・・・・・・・・・・・ 106, 109	ワーム・・・・・・・・・・・・・・・・・・・ 122, 123
録音図書・・・・・・・・・・・・・・・・・ 104, 108	
録画権・・・・・・・・・・・・・・・・・・ 106, 109	

207

【サポートページ】のご案内

　下記の、本書サポートページでは、正誤情報や、本書に記載された項目等に関する補足情報・参考情報などを、必要に応じて掲載します。

　　URL：http://www.scc-kk.co.jp/scc-books/support/B-406/support.html

- ・本書の使用により、万一損害等が発生しても、出版社・著者・著作権者は一切の責任を負いかねますので、あらかじめご了承下さい。
- ・本書に記載された URL 等は執筆時点でのものであり、予告なく変更される場合があります。
- ・本書に記載されている会社名、製品名などは、一般に各社の商号、登録商標または商標です。
- ・本書では TM および® の記載は省略しました。

―――――― 著　者 ――――――

廣石 良雄（電子開発学園 メディア教育センター）

情報と職業　第2版

ISBN978-4-88647-644-9

2018 年 3 月 1 日　　第 1 刷発行
2021 年 4 月 1 日　　第 2 刷発行

著　者／廣石　良雄
発行者／松尾　泰
発行所／株式会社エスシーシー（SCC）

　　　　〒 164-8505

　　　　東京都中野区中野 5 丁目 62 番 1 号（eDC ビル）

　　　　電話（03）3319-7101

COVER DESIGN ／大野 文彰（株式会社大野デザイン事務所）

DTP ／株式会社カントー

印刷・製本所／株式会社カントー

　　　　電話 （03）3238-6011

ⒸSCC 2018 Printed in Japan　　　禁　無断転載複写
　　　　　　　　　　　　　　　　　落丁・乱丁はお取換えいたします。